市民主導型
政策プロセスの創造

佐々木寿美 [著]

JN021719

学陽書房

はじめに

　生活大国の実現には、地方分権改革と公務員の意識改革が必須である。それは、各自治体が親身になって、その街の住民にとっての暮らしやすさを実現していくことであり、また公務員一人ひとりの意識改革のもとに公務員教育を充実させ、プロの政策コーディネーターとしての、公務員を育てていく方策を考えていくことである。同時に、かつては納税者でありながら"蚊帳の外"に置かれていた市民は、現在では、政策過程の諸段階に深く関わる主要なアクターとなっており、市民との協働を前提とした街づくりが必須となる。市民とのパートナーシップを望ましい形で構築できる公務員が求められ、地域包括ケアシステムなど、多職種連携を実践できるシステムづくりが急務となっているのである。

　本書は、国民・市民の暮らしやすさ、幸福感を保障できる"生活大国"を実現していく上で、どのような"公務員"が求められ、いかなる"行政組織"が必要となるのかを考えていくものである。難解な議論を展開するものではなく、各国の公共政策のしくみや公務員養成システムの内容、わが国の市民協働の取組みのあり方等を比較検討していきながら、市民一人ひとりが、税金を納める国民の一員として、"どんな生活が実現できればよいか"、"そのためにはどのような政策が必要であるか"、"政策づくりに自分はどのような形で関わっていきたいか"といった素朴な論点を考える上での助けとなる、ガイドブックのようなものであると考えてほしい。

　本書の構成は以下の通りである。第1章「ソーシャル・キャピタルと活動する市民」では、生活大国や地域包括ケアシステムの中で、国民、市民あるいは地域住民の日常生活を支え、幸福度の向上に寄与することができる地域コミュニティのあり方や、市民参加・協働の形態

を考えていく。わが国がめざすべき理想の国家像の一つの可能性としての"生活大国"を実現していく上で、市民と行政との協働は不可欠であり、また全国で様々な取組みも実践されているため、それらの取組みを、ソーシャル・キャピタルと関連づけながら検討していきたい。

第2章「地域包括ケアシステム」では、市民の幸福感や暮らしやすさと行政サービスとの関連について検討し、生活大国を実現していく重要な方策として"地域包括ケアシステム"を取り上げ、その概念と具体的な多職種連携のあり方、現状、課題等について考察を進める。ここでは多職種連携を広くとらえ、様々な行政機関や住民組織、組織内の多様な人材等の、包括的な連携手法について考えていきたい。

第3章「医療と福祉」では、行政職員や地域集団のみならず、地域包括ケアシステムにおいて変化が求められる医師や社会福祉士・介護福祉士等の専門職のあり方、そのチーム連携の手法等について、地域包括ケアシステムの現場の状況に即した検討を進めていく。医療と福祉は密接な関係を持つ政策領域であるため、両者を併せた総合的な視点から考えていきたい。

第4章「社会福祉の諸相」では、"雇用関係システム"と"社会保障システム"とを含む政策領域である"社会政策"に焦点を当て、わが国における発展の歴史や特徴を、市民や地域との関係から明らかにし、その上で、地域包括システムや住民の幸福感と関連の深い福祉領域の政策・研究の最近の動向を考察していく。また、福祉国家という大きな枠組みの中でわが国のシステムの特徴を明確化し、福祉レジームの再考が必要である点についても言及する。日本的経営の特徴であった"終身雇用"、"年功主義"、"企業別労働組合"の三種の神器が変化している現代において、新たな社会政策が求められていることから、ここで取り上げ検討していきたい。

第5章「世界の行政事情リポート」では、広く視点を諸外国に広げ、理想の社会を求めて試行錯誤を繰り返す各国の行政事情を紹介してい

く。ここでは特に、カナダ、米国、北欧4カ国、フランス、シンガポール、香港を取り上げ、その比較検討を通して、わが国の進むべき方向性について考えていきたい。

　本書が、真の豊かさを追求し、生活大国を実現できる、"市民のための公務員"、"公共の福祉のための行政組織"を作り出していく上で、一助となれば幸いである。

2020年6月　佐々木寿美

目　次

第1章

ソーシャル・キャピタルと活動する市民

現在多くの地方自治体で「市民自治基本条例」が策定される[1]など、地域社会における政策形成・実施過程における市民参加はその勢いを増し、それが行政システムの革新を促す可能性すら指摘されている[2]。市民が主体的かつ積極的に政策過程に参加し、自分たちの願いを叶えるべく働きかけることは、行政システムの変革につながり、またコミュニティにおける市民と行政の新しいパートナーシップの構築にも寄与すると期待されるからである。全国自治体の共通キーワードとなっている“協働”も類似の意味を持ち、協働型自治体をどのように作りあげていくべきか、協働型公務員を育成できる人事管理方策は何か、市民活動拠点をどう支援していくか等、行政サイドからの、市民との協働を意識したシステムを模索する動きが各地で見られるようになった[3]。

　山口によれば[4]、「協働型自治体の組織・人事管理方策」のポイントは、①自治体は行政計画・指針・条例や協働課・審議会などによって、全庁的な協働への体制づくりを行う、②協働型の人事管理に向けては、協働できる能力を開発するための異動の方策が重要になる、③協働能力は事業実践の中で培われるため、地域住民との協働事業に職員を引き込むような人事管理が重要である、等とされ、“市民活動支援の拠点”づくり自体にも、“市民の視点に立った”既存の支援拠点同士の連携や統合、民間の支援センターを核とする支援システムの構築等が求められてくる。中間支援組織の役割が大きくなるにつれ、NPOの支援・育成もさることながら、自治体シンクタンクと市民研究員との協働による政策づくりも必須となる。同時に、身近な地域的まとまりを支えた自治会・町内会、協働とコミュニティ政策の装置としての“地域自治組織”もその役割が縮小されるものではなく[5]、特に超高齢化・過疎化が進む限界集落等では、新しい役割が期待されるところである[6]。

　地域コミュニティで活躍する新しいアクターとして登場した“まちづくりコーディネーター”も、かつては行政職員やコンサルタント、プランナーや研究者といった専門家がなる場合が多かったが、最近で

は、地域住民自身がなり、市民の視点に立って地域住民をまとめ、地域組織を動かしていく気運も見られ始めている[7]。

　本章では、生活大国や地域包括ケアシステムの中で、国民、市民あるいは地域住民の日常生活を支え、幸福度の向上に寄与することができる地域コミュニティのあり方や、市民参加・協働の形態を検討していく。

ソーシャル・キャピタルと地域集団

　ソーシャル・キャピタル（Social Capital）は、公共政策実施の第三の道を模索するために重要な概念として、パットナム（Robert Putnam, 1993,2000）、フクヤマ（Francis Fukuyama, 1995,1999）、レオナルディ（Leonardi, 1995）らが提示した行動様式である。その概念は例えば、"Trust"（近所見回り隊に参加している率、公表されている犯罪率、安全対策グッズの売上げ等で測定される）、"Participation"（行政が主催している公共イベントへの参加率、国政・地方選挙の投票率、夕方あるいは非強制的な教育イベントへの参加率等で測定される）、"Altruism"（公立学校のクラスルーム・アシスタントの人数、近隣見回り隊の人数、障害者アドボケートの人数等で測定される）、"Socialbility"（公共スポーツ施設を日常的に利用している人、美術館の利用者、放課後活動への参加等で測定される）の４つの要素から構成・測定することが可能である[8]。ソーシャル・キャピタルと公共政策との関係性が注目されて以来、国内外を問わず多くの研究者が、政策形成・実施の成否との関連について調査・研究を進めている。

　例えばバルディエソとヴィエナローダン（Patricio Valdivieso and Benjamin Villena-Roldan）は、様々な活動への参加に対して合理的行為者モデルを適用し、ソーシャル・キャピタルを決定する諸要因を調査している。彼らによるとソーシャル・キャピタルは、図表１－１のような要素から構成される[9]。

　ソーシャル・キャピタルは、個人のフォーマルとインフォーマルの間に存在するものとして着目される場合が多い。例えばスキーパースとジャンセン（Peer Scheepers and Jacoues Janssen）は、インフォー

図表１－１　ソーシャル・キャピタル（SC）を構成する要素

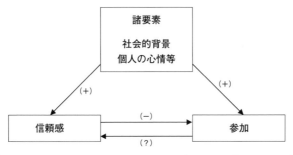

（出所：「Opening the Black Box of Social Capital」Formaion（Vol.108,No.1）より作成）

図表１－２　各国比較

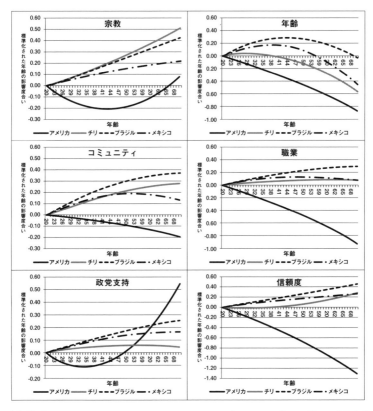

（出所：「Opening the Black Box of Social Capital」Formaion（Vol.108,No.1）より作成）

図表１－３　SCに影響を及ぼす指標

	Baseline Model							
	Joint	Religion	Parental	Community	Professional	Political	Trust	All equal?
Social Effects	0.00	6.15	42.26	18.49	48.75	12.55	0.00	0.16
Inst/Politics	0.00	6.66	9.74	2.30	54.70	1.98	0.00	2.72
Inequality	0.05	15.72	86.83	0.85	11.69	2.42	6.34	11.39
Earthquake	0.03	31.53	64.65	0.15	26.61	47.80	0.89	0.88
Individual	0.00	0.00	0.00	0.00	0.00	0.12	0.00	0.00
Familiy	0.00	1.86	0.00	8.13	47.66	90.13	42.13	0.00
Race	2.78	24.01	18.81	95.29	10.32	66.04	1.12	32.01
Religion	0.00	0.00	0.24	5.91	37.57	9.04	29.56	0.00
Age	0.00	0.00	0.00	0.00	1.04	3.29	0.00	0.00
Education	0.00	2.73	67.52	7.81	0.00	6.06	0.00	0.31
Gender	0.00	0.00	0.00	6.86	5.17	37.42	48.27	0.00
Time	0.00	5.60	62.80	0.00	33.26	4.82	4.80	0.01
Dependence	0.00	10.65	15.89	5.89	0.04	0.01	10.05	5.66

Notes:100×p-values of Wald tests reported using bootstrapped variance matrix. P-values lower than 5% are highlighted.In the first column,we test joint significance of corresponding variables. We test significance by kind of participation in columns 2-7. In the last column,we test for the equality of impacts across participation types.

（出所：「Opening the Black Box of Social Capital」Formaion（Vol.108,No.1）より作成）

マル部門とソーシャル・キャピタルとの関連について検証し、ソーシャル・キャピタルがオランダで減退しているか否かを検討している[10]。分析の結果、オランダではソーシャル・キャピタルは減少しておらず、定期的に教会に通っている人、既婚者、中産階級、ベビーブーマー等が、ソーシャル・キャピタルが高い要因となっている。

　また金は、社会資本を媒介にした"制度要因"と"文化要因"の相互強化的な好循環の可能性を示唆し、パフォーマンスの良い自治体として高い評価を受けている"長崎県綾町"と"東京都三鷹市"の発展過程を事例として検討している[11]。類似の研究として川本は、ソーシャル・キャピタルに関する共分散構造分析を行い、結束型、複合型、接合型地区にわけてパス図を作成、持続可能なコミュニティを構築していく上で、ソーシャル・キャピタルが重要な役割を果たす点を指摘している[12]。『経済社会学会年報』では、第46回大会における共通テーマとして「フォーマルとインフォーマルの間」と題してソーシャル・

図表1－4　SCと個人的要素との関連

Dependent variables	Contact Family	Contact neighbour	Voluntary Work	Unpaid aid	Trust
Independent variables					
Church attendance	0.032*	0.007	0.052*	0.024*	0.019*
Denomination					
Never been member (ref.cat.)					
Catholic	0.032	0.001	0.032*	0.027*	-0.067*
Ex-Catholic	0.079*	0.064	0.020	0.011	0.071*
Neth.Reformed	0.031	0.074	0.055*	0.019	-0.026
Ex-Neth.Reformed	0.144*	-0.043	0.030	0.030	0.015
Re-Reformed	-0.008	0.048	0.050*	0.015	0.122*
Ex-Re-Reformed	0.028	-0.037	-0.017	0.021	0.136*
Civil status					
No partner (ref.cat.)					
Married	0.096*	0.109*	0.039*	0.004	0.047
Divorced	0.004	0.063	0.001	0.010	-0.066
Widow (er)	0.056	0.244*	0.011	-0.027	-0.012
Cohort					
1897-1906	-0.244*	-0.025	-0.356	-0.350	-0.091
1907-1916	-0.226*	-0.223*	-0.310*	-0.223*	-0.026
1917-1926	-0.156*	-0.204*	-0.170*	-0.122*	-0.002
1927-1936	-0.095*	-0.178*	-0.078*	-0.053	0.010
1937-1946	-0.067*	-0.042	-0.031	0.011	-0.024
1947-1956 (ref.cat.)					
1957-1966	0.026	-0.097*	-0.036*	-0.050*	-0.085*
1967-	0.147*	-0.013	-0.085*	-0.103*	-0.107*
Age	0.002	0.004*	0.002	0.001	-0.004*
Subjective social class					
Working class	0.027	0.008	0.007	0.016	-0.157*
Lower middle class	0.059	0.002	0.012	0.012	0.010
Higher middle class	0.085	-0.085*	0.052*	-0.003	0.135*
No class mentionned (ref.cat.)					
Sex					
Male (ref.cat.)					
Female	0.093*	0.104*	-0.020	0.075*	-0.060*
Education	0.008	-0.028*	0.049*	0.005	0.187*
Size of place of residence	0.016*	0.025*	0.014*	0.001	0.003
Explained variance	2.8%	2.9%	7.8%	3.8%	11.3%
F-value	8.4*	5.1*	37.8*	17.1*	53.3*
N	6168	4075	10461	10471	9854

* P<0.05

出所：*The Netherlands Journal of Social Sciences - Volume39 - no.2 - 2003*

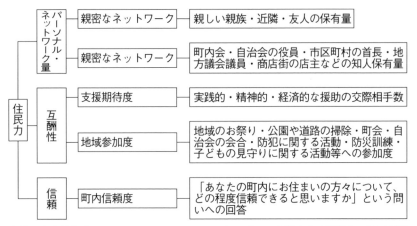

図表1－5　住民力の枠組

パーソナルネットワーク量	親密なネットワーク	親しい親族・近隣・友人の保有量
	親密なネットワーク	町内会・自治会の役員・市区町村の首長・地方議会議員・商店街の店主などの知人保有量
互酬性	支援期待度	実践的・精神的・経済的な援助の交際相手数
	地域参加度	地域のお祭り・公園や道路の掃除・町会・自治会の会合・防犯に関する活動・防災訓練・子どもの見守りに関する活動等への参加度
信頼	町内信頼度	「あなたの町内にお住まいの方々について、どの程度信頼できると思いますか」という問いへの回答

出所：小山弘美「コミュニティのソーシャル・キャピタルを測定する困難さ－世田谷区「住民力」調査を事例に－」『社会分析』第41号

キャピタルについて取り上げ、地域主権時代における "住民参加" と "市民協働" の可能性と課題、市民討議会（Planungszell）の可能性（無作為・有償・脱グループ化）について検討している[13]。また第52回共通「公共性の新しい地平」においても、NPOの社会的役割と公共性に関する考察や、社会ネットワークと非営利組織についての検討がなされている[14]。井上による組織間ネットワークに見るコミュニティの社会構造についての分析も特筆に値するものである[15]。

　コミュニティにおけるソーシャル・キャピタルを測定する困難さについては、小山が世田谷区の "住民力" 調査を事例として研究している（図表1－5）[16]。また、計量分析の結果、日本の地方政府を機能させる上で重要なのは、ソーシャル・キャピタルではなく、政治エリートに対して適切な支持、批判、要求、監視を行う市民の力、いわば "シビック・パワー" であるという、新しい指摘も存在している[17]。

　"地域福祉実践" の視点から、ソーシャル・キャピタルや地域集団の可能性について研究したものも多い。小林は、福祉国家から福祉社

図表１－６　組織ネットワークのダイアグラム

	a1	a2	a3	a4	a6	a7	a8	a9	a10	a11	a12	a13	a14
a1. 漁業協同組合	0.00	0.76	0.45	0.35	0.25	0.00	0.00	0.56	0.40	0.00	0.31	0.30	0.35
a2. 大敷網組合	0.76	0.00	0.35	0.33	0.00	0.00	0.00	0.46	0.34	0.00	0.00	0.26	0.30
a3. 遊漁船組合	0.45	0.35	0.00	0.29	0.00	0.00	0.00	0.34	0.31	0.00	0.00	0.25	0.00
a4. 商工会	0.35	0.33	0.29	0.00	0.27	0.00	0.00	0.53	0.51	0.00	0.41	0.38	0.00
a6. PTA	0.25	0.00	0.00	0.27	0.00	0.35	0.00	0.32	0.24	0.00	0.32	0.00	0.00
a7. 青年団	0.00	0.00	0.00	0.00	0.35	0.00	0.00	0.00	0.00	0.00	0.00	0.00	0.00
a8. 老人クラブ	0.00	0.00	0.00	0.00	0.00	0.00	0.00	0.00	0.25	0.00	0.00	0.26	0.00
a9. 氏子会	0.56	0.46	0.34	0.53	0.32	0.00	0.00	0.00	0.79	0.33	0.43	0.37	0.26
a10. 奉賛会	0.40	0.34	0.31	0.51	0.24	0.00	0.25	0.79	0.00	0.25	0.36	0.30	0.00
a11. E寺の檀家	0.00	0.00	0.00	0.00	0.00	0.00	0.00	0.33	0.25	0.00	0.00	0.00	0.00
a12. O寺の檀家	0.31	0.00	0.00	0.41	0.32	0.00	0.00	0.43	0.36	0.00	0.00	0.00	0.00
a13. H寺の檀家	0.30	0.26	0.25	0.38	0.00	0.00	0.26	0.37	0.30	0.00	0.00	0.00	0.00
a14. 外寺の檀家	0.35	0.30	0.00	0.00	0.00	0.00	0.00	0.26	0.00	0.00	0.00	0.00	0.00

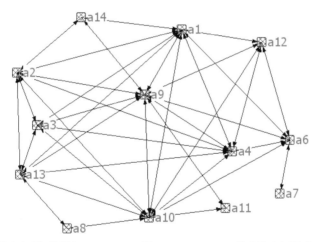

出所：井上寛「組織間ネットワークに見るコミュニティの社会構造」『社会分析』第41号、2014年、27－46ページ

会への移行に必要なこととして、共助の中間団体の再生を取り上げ、多元的秩序構想に向けての中間組織の可能性と、福祉社会の創造例として、地域コミュニティの実践事例について検討している[18]。

　三谷は、人々がなぜボランティアになるのかについて計量的に分析

し、ソーシャル・キャピタルの可能性を明確化している[19]。また川本は、中国山地の厳しい現状を逆手にとって、新しいコミュニティを再構築し、地域の自立をめざし、行政に依存しない街づくりを行う組織として"地域自治組織"の可能性に着目している。また、地域ビジネス、女性起業、地域型社会的企業の台頭、産業福祉についても検討している[20]。

『コミュニティソーシャルワーク』では、第21号（2018年）において「社会福祉法人の地域公益活動とコミュニティソーシャルワーク実践」という特集を組み、社会福祉法人施設、社協、民生委員・児童委員による香川型福祉で街づくりを目ざしたコミュニティソーシャルワーク実践や、自立相談支援機関と社会福祉法人の連携による社会資源開発について取り上げ、ソーシャル・キャピタルを原資とした地域集団の活動について検討している。また、20号（2017年）の特集「地域づくり・街づくり」では、地図にない村"ソンミサン・マウル"（物理的な概念ではなく、都市地域の中で生活文化を共有しているコミュニティ・ネットワークを意味する、ソウル市の西部にある村）の存在について取り上げ、人口減少社会、少子高齢化社会、過疎地域の福祉を地域住民の力で支える街づくりの可能性について検討している。

『地域づくり』では、2018.12に特集「地域づくりの再活性化」において、地域づくり団体は無力なのかについて検討し、"人材""稼ぐ"が課題である点を指摘している。20世紀の地方の発展戦略は"ひたすら東京と時間距離を縮め同質化することだ"と多くの人々は考えていたが、このような傾向は地域活動人口を減少させるため（会社の仕事に縛られる時間が多くなり、地域活動はもっぱら専業主婦と定年後）、これを改善し、地域づくり団体の活動を支援していくことが必要であるとしている。

地域づくり活動とは、中間支援組織が行政と公民連携を組んで行う取組みのことである。人口の少ないヨーロッパの小さな町や村でそれ

なりに豊かで活気があるところもあり、“成長志向” という物差しを変えれば、身の丈にあった豊かな地域の姿が見えてくるとされる。事務局を民間に移行し、事業を見直し組織を強化、官民協働で地域を元気にしていく “宮崎県地域づくりネットワーク協議会” の活動等はその成功例である。これらの活動の中でも、地域づくり関係者の交流促進や人材育成は行政の仕事である点は従来と変わりはなく、現代社会においても、公的セクターの果たす役割が減少しているわけではない。

　福祉国家の地方分権はボトムアップ型、下からの活性化が主流である[21]。北欧では、自律的な自治体に向かって、行政主導ではないフリーコミューン実験計画が導入され、地域計画はボトムアップ型の学習過程としてとらえられている。自治体は新たな組織文化である。これらの視点を参考にしたいものである。

　ところで、ひと口に協働といっても、それが望ましい場合とそうでない場合がある。行政が独占してきた“公”の領域を企業や市民に開放し、新たな“共”空間を作り出す理想的な協働は良いが、これまで行政が担ってきた業務を、市民に無償もしくは低料金で押しつけるタイプの協働は避けるべきである。行政と市民のパートナーシップは望ましい方向性で構築されるべきであり、そうしてこそ、地域集団の活動が街の活性化や行政改革につながるのである[22]。全国各地で市民支援・協働条例が策定されており、その内容は多様である。次節では、わが国で最も早くから市民との協働による政策づくりを実践している “三鷹市の取組み” を事例として取り上げ、理想の協働システムについて考えていきたい。

② 市民との協働 — 三鷹市の事例

　協働の要素についてはいくつかの視点がある。例えば、"住民と自治体との関係"については、①協力（財政支出なし）、②補助、③委託の3パターンであり、協働の類型については①行政主導型、②住民主導型、③双方向型、④市民支援型の4つに分けられる[23]。三鷹市においては、前者に関しては、行政は①の財政支出のないものにのみ関与し、②補助、③委託の2領域の事務については完全に"住民協議会"が行っている（住民協議会については後述）。また、協働の類型については、②住民主導型と④市民支援型の2パターンであると考えられる。

　三鷹市が全国に先駆けて市民主導の街づくりを始めたきっかけは、1974年当時の市長が西ドイツを訪問した際、市民が積極的に政策過程に参加する街づくりを目の当たりにしたことであった。そのような市民とのパートナーシップを日本でも実践しようと制度づくりを進めて45年が経過し、現在では、"市民との協働"に関してわが国で最も先進的な自治体となっている。

　現在全国各地で市民支援・協働のための条例整備が進んでいるが、三鷹市においては2006年に、自治の理念や市政運営の基本原則を定めた最高規範である「三鷹市自治基本条例」が施行された。これは"参加と協働のまちづくり"を市政の理念として明示し、それを促進する目的として定められたものであるが、先述の通り、自治基本条例の施行に先立ち、三鷹市では"民学産公"の協働による街づくりを、40年以上に渡り実践してきたが、最近では、町会・自治会や住民協議会を中心とするコミュニティ活動として、"地域ケアネットワーク"、"コミュニティ・スクールを基盤とした小中一貫教育"、"見守りネットワーク"、無作為抽出の市民による討議である"みたかまちづくりディス

カッション”等を積極的に推進している。「第3次三鷹市基本構想・基本計画」の策定時には、基本構想の最初の段階から、幾つもの政策分野にわかれた分科会において市民参加がなされ、協働のもとに計画が創られたという経緯がある。また、三鷹市の新任職員は採用時に「自治基本条例」を遵守することを宣誓している[24]。

三鷹市は市内が7つのコミュニティに分かれているが、これらコミュニティ住区ごとに組織した市民団体である“住民協議会”が、自ら管理運営を行うコミュニティ・センターを拠点に市民自治の地域づくりを実践している。町会・自治会とのつながりもあるが、住民協議会は基本的には住民の自由な参加意思による“自由加入型地域集団”に分類されるものであり、その構成メンバーも、地縁・当番制などを基本とする“自動加入型地域集団”とは性格を異にするものである[25]。主要メンバーの高齢化等、多くの地域集団がかかえる問題を内包してはいるが、市との協働でさまざまな活動を展開しており、三鷹市における協働の街づくりの全過程において、キーとなる活動団体となっている。協働に必要なことは、まず“一緒に悩む場”をつくることであり、住民、行政、NPO等が参加する“ワークショップ”は有効な協議の場となるが、そこにおけるコーディネーターも、この住民協議会から選出される場合も多い。

市民討議会「みたかまちづくりディスカッション」には、18歳以上の無作為抽出で選ばれた多くの市民が参加するが、その参加率を高めるためにさまざまな工夫がなされている。①コーディネーターを市民側から選出する、②土日開催にして現役世代の参加を促す、③託児サービスを設けて子育て世代も参加しやすくする、④博物館や美術館のチケットを参加者に配る等、積極的な参加を促すきっかけをつくる、等のしくみにより、幅広い年齢層の参加が見られている[26]。

図表1－7　市政運営・参加と協働の実践事例

● 市内7つの住民協議会との協働

三鷹市では、7つのコミュニティ住区ごとに組織した市民団体である住民協議会が、自ら管理運営を行うコミュニティ・センターを拠点にコミュニティの醸成、市民活動、市民参加を推進し、市民自治の地域づくりをめざすコミュニティ行政を進めています。各住民協議会は、市と協働でさまざまな取り組みを展開しています。

(第31条関係)

住民協議会との協働による
まち歩きワークショップ

● 地域のつながりによる支え合いの推進　「地域ケアネットワーク推進事業」

7つのコミュニティ住区を基盤に、「地域ケアネットワーク」の推進に取り組んでいます。各ケアネットでは、地域ごとの特性にあわせた活動を行い、居場所づくり(サロン)や地域向け講座、多世代交流事業など、地域でのつながりや支え合いの輪を広げています。

(第31条関係)

地域ケアネットワークの活動風景

● 民学産公の協働を進める「パートナーシップ協定」の締結

まちづくりのさまざまな分野において、事業者・団体などと「パートナーシップ協定」を締結し、協働による事業を推進しています。この10年間で、「防災」や「見守り」など、日々の暮らしに関わる重要な協定を数多く結び、市民サービスの向上につなげています。

(第32条関係)

見守りネットワーク事業協定締結式

● 三鷹市市民協働センター

平成15年12月に、市民活動の支援や協働の推進等の機能を担う施設として開設しました。会議室や機器等の提供、講座やシンポジウムの開催、話題性のあるテーマを設定したトークサロンの実施のほか、地縁型組織とNPO等テーマ型組織との協働推進など、幅広い取り組みを行っています。

(第32条関係)

三鷹市市民協働センター

三鷹ネットワーク大学

　教育・研究機関と市が協定を結び、「民学産公」の協働によって運営する新しい形の地域の大学です。教育・学習機能、研究・開発機能、窓口・ネットワーク機能の3つの機能のもとに、地域社会の知的ニーズにあわせた講座を提供する「コミュニティ・カレッジ」事業などを展開しています。　　　　　　　　　（第32条関係）

三鷹ネットワーク大学

市民討議会「みたかまちづくりディスカッション」の開催

　市政への参加経験が少ない方も含め、多くの市民のみなさんの意見を市政に生かすため、18歳以上の方を対象に無作為抽出で参加を呼び掛け、承諾いただいた方々によるグループ討議を実践しています。　　　　　　　　　（第32条関係）

みたかまちづくりディスカッション

「コミュニティ・スクール」を基盤とした小・中一貫教育の推進

　三鷹市の義務教育は、保護者や地域住民が積極的に学校運営に参加する「コミュニティ・スクール」を基盤に、複数の小・中学校が一つの学園として切れ目のない教育を実践する小・中一貫教育を推進することにより、円滑な学校運営や教育内容の質の向上を図るとともに、地域の声を反映させた特色ある学園づくりを進めています。　　　　　　　　　（第33条関係）

三鷹中央学園　第三小学校

国、東京都等への働きかけ

　国、東京都等との適切な政府間関係の確立や、市の財政運営の安定化等に向け、さまざまな機会をとらえて国等への働きかけを行っています。自治基本条例施行後に、三鷹市長が国等に対して提出した要望書等の一覧は、50、51ページに掲載しています。　　　　　　　　　（第36条関係）

社会保障制度における地域区分の
適正化に係る要望書を提出

出典：三鷹市『自治基本条例ガイドブック』2017年6 - 7ページ

　それでは、このような、市民との協働による政策形成・実施を可能にする職員を育てるために、具体的にどのような人材育成を行っているのだろうか。そこに求められる能力はどのようなものであり、採用・

研修・昇進等の行政管理システムの中で、それはどのように反映されているのだろうか。このような質問に対しては、"市民協働は全庁的な風土であり、その中で自然と育っていく"というのが第1の回答であった。もちろん、採用、昇進、研修プログラムの中で様々な工夫がなされてはいるが、組織文化の側面からの意識づくりが、極めて重要であることを認識させられる。

　三鷹市職員に求められる姿勢として5つの気概が挙げられるが、その3つめにも、"協働のまちづくりへの気概"が明記されている。

図表1−8　三鷹市職員に求められる姿勢

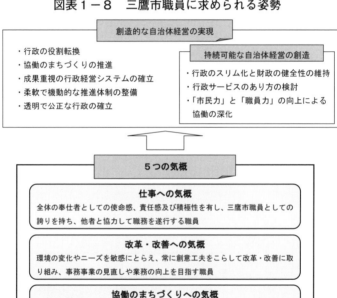

創造的な自治体経営の実現

・行政の役割転換
・協働のまちづくりの推進
・成果重視の行政経営システムの確立
・柔軟で機動的な推進体制の整備
・透明で公正な行政の確立

持続可能な自治体経営の創造
・行政のスリム化と財政の健全性の維持
・行政サービスのあり方の検討
・「市民力」と「職員力」の向上による
　協働の深化

5つの気概

仕事への気概
全体の奉仕者としての使命感、責任感及び積極性を有し、三鷹市職員としての誇りを持ち、他者と協力して職務を遂行する職員

改革・改善への気概
環境の変化やニーズを敏感にとらえ、常に創意工夫をこらして改革・改善に取り組み、事務事業の見直しや業務の向上を目指す職員

協働のまちづくりへの気概
市民の声に謙虚に耳を傾け、市民から協働のパートナーとして信頼を得て、市民のために、協働のまちづくりを推進できる職員

能力向上への気概
高い専門知識や技術及び能力を積極的に身に付けるとともに、広い視野を有する職員

危機管理への気概
起こり得る多様な危機・事態を敏感に感じ取り、危機発生時を想定した問題の未然防止や対策を講じ、発生時には、迅速かつ的確に対応できる職員

出典：「三鷹市人財育成基本方針」H25.11ページ

図表1−9　求められる資質・能力

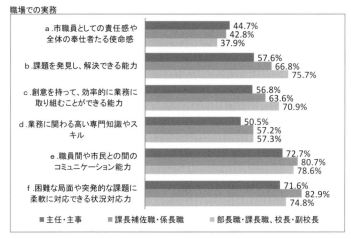

職場での実務

a.市職員としての責任感や全体の奉仕者たる使命感	44.7% / 42.8% / 37.9%	
b.課題を発見し、解決できる能力	57.6% / 66.8% / 75.7%	
c.創意を持って、効率的に業務に取り組むことができる能力	56.8% / 63.6% / 70.9%	
d.業務に関わる高い専門知識やスキル	50.5% / 57.2% / 57.3%	
e.職員間や市民との間のコミュニケーション能力	72.7% / 80.7% / 78.6%	
f.困難な局面や突発的な課題に柔軟に対応できる状況対応力	71.6% / 82.9% / 74.8%	

■ 主任・主事　■ 課長補佐職・係長職　■ 部長職・課長職、校長・副校長

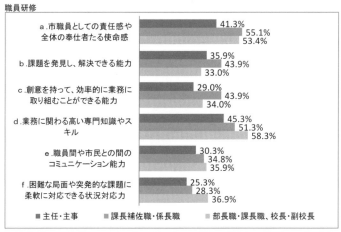

職員研修

a.市職員としての責任感や全体の奉仕者たる使命感	41.3% / 55.1% / 53.4%	
b.課題を発見し、解決できる能力	35.9% / 43.9% / 33.0%	
c.創意を持って、効率的に業務に取り組むことができる能力	29.0% / 43.9% / 34.0%	
d.業務に関わる高い専門知識やスキル	45.3% / 51.3% / 58.3%	
e.職員間や市民との間のコミュニケーション能力	30.3% / 34.8% / 35.9%	
f.困難な局面や突発的な課題に柔軟に対応できる状況対応力	25.3% / 28.3% / 36.9%	

■ 主任・主事　■ 課長補佐職・係長職　■ 部長職・課長職、校長・副校長

出典：「三鷹市人財育成基本方針」H25.8ページ

　特に意識して何かをしなくとも、協働の長い歴史の中で、自然と市民とのパートナーシップを構築できる職員に育つという三鷹市であるが、"他の自治体が協働を進めて行く上で最も重要なことは何と考えられるか"と尋ねたところ、"なぜ協働の街づくりが必要なのか、市民がしっかりと理解"し、"自分が積極的に参加することが、市政の

どこに具体的に反映されるのか明確化すること”であるとの返答を得た。国に言われたから、あるいは現在どの自治体でも取り組んでいるから、といった理由で市民協働を進めようとしても、市民の積極的な参加は得られず、それにより職員のやる気も失せてしまう。それぞれの自治体の、施行錯誤を重ねながらのより能動的な取組みが、何よりも必要となってくるのである。

③ 人口減少社会における地域政策
―多様な主体、街づくりの視点から

　少子高齢化の進行により、"人口減少社会"の到来が予想されるが[27]、これは国民の生産と消費活動に多大な影響を与え、財政悪化する国・地方自治体に深刻な課題を突き付け、地域社会の様相を変貌させる。日本の人口の長期的変動を踏まえ、少子化と長寿化の要因を探り、人口変動の影響と課題について考えていく必要がある。

　人口減少社会においては、少子・高齢社会のライフコースが変化することから、仕事の世界でも大きな変化が見られ（例えば、変わる日本型雇用システム、雇用形態の多様化、新しい働き方の展望など）、個人についても結婚観やその形態、家族のあり方も変容し、若者、現役世代（特に家族、雇用の側面から）、高齢期全てのライフステージにおいて、従来とは異なる特質が顕在化することになる。それに伴い、自治体政策の側面から見ても、人口移動により地域社会のあり方が変わり、持続可能な地域社会構築のための新しい施策が求められてくるのである。

　このような意味で、グローバル化と多文化共生社会、変わる生活の質・価値（社会的排除と社会的包摂、新たな公共性：官民間の構築、生活課題への支援と新しい公共）等、その社会変化に伴い、人口減少社会においては、社会保障や社会政策のあり方について、例えば福祉国家と社会政策との関係、社会政策の今日的課題、社会政策の役割と守備範囲等、多様な側面からの再考が必要となる。

　人口減少時代は悪いことではないかもしれないが、その人口構成が問題であり[28]、わが国のような超高齢社会は人口バランスの面で改善が必要である。そのために少子化対策は必須である点は明確だが、そ

れ以外にも自治体には、これまでとは異なる数多くの施策が求められ
てくる。ここでは、人口減少社会における自治体政策について、"住
民主導の地域づくり"、"ソーシャル・キャピタルと地域集団の可能性"
等と関連づけて考えていくが、特に、前節で取り上げた三鷹市のよう
な都市部ではなく、人口減少と過疎化が深刻な山間地域における自治
体政策について、関係人口等の視点も取り入れながら検討していく。

（1）主体による分類

　これからの自治体政策は住民主導であるという点を考えると、幾つ
かの論点が浮上してくる。第一は"住民"を捉える視点、第二は自治
体政策を考える視点である。ひと口に住民といっても、その年齢層、
性別、職業、人口構成等は自治体により異なるため、住民主導の担い
手が異なってくる。また自治体政策もその範囲が広く、政策の種類に
より個別的な対応が必要な分野もあれば、縦割りではなく水平的な取
組みが必須な場合もある。

　第一の主体による住民の分類については、大きく、①子ども、②高
齢者、③現役世代、の３年齢層に分類される。

　①の子どもについては、第一に、"子どもを守り、子どもが育つ地
域づくり"の視点から、各自治体で子育てがしやすい政策を形成・実
施していくことで、その自治体に家族が定着していく（定住人口を増
やす）という視点がある。「こども・子育て支援新制度[29]」がスター
トして数年が経過し、多くの自治体では保育所や認定こども園の整備、
子育て支援の充実が進んでいる一方、保育所の待機児童は首都圏を中
心に増えており、保護者の苦悩は深刻なままである。子育て支援とし
ての保育園整備や、児童虐待防止策の工夫など、自治体が取り組むべ
き課題は山積している。

　第二は"子どもを政策過程に取り込む"ことで、街づくりに積極的
に関わる市民を育てて行く（関係人口、地域参画総量を増やす）とい

う視点である。こどもの力により街を変えていく、言い換えれば、子どもと取り組む魅力的な地域づくりは、ドイツのミュンヘン市“こども・青少年フォーラム”などが参考になるが、わが国においても、子どもの街づくり参画で、結合力が強い地域社会を構築していくことが求められてくる。若い世代が多い江戸川区では、小・中学生ボランティアが区内で活躍しているが、このような取組みが、子どもの少ない山間部においても、その地域の実情に適したスタイルで、活発化していくことが期待される[30]。

　②の高齢者に関しては、関係人口の創出という視点から、生涯現役で活躍できる機会を作り出していくことが、重要な自治体政策となる。おきたま地域づくり“人と地域をつなぐ事業”等はその好例であるが[31]、都市部・山間部を問わず、高齢者の積極的な政策参画なくして街づくりは語れないことから、これからの移住・交流施策のあり方も含めて、様々なしくみを創出していきたい。生涯活躍で元気な地域づくりをめざし、地域おこし協力隊や日本版CCR[32]を活用しての移住策の推進等、米国の発想をもとに“生涯活躍のまち”としてまとめられた構想を実践している自治体も見られ始めている。

　③の現役世代、特に企業等でフルタイムで働く男性は、三鷹市の事例でも明らかなとおり、政策過程への参加には最も消極的な年齢層であるが、彼らの参画も、長い目で見れば極めて重要である。子育て世代の女性たちは、三鷹市のような子育て支援を積極的に行うことで、政策過程への参加を促すことが可能であるが、都市部や都市部のベッドタウンとなる多くの自治体では、男性の参画には苦戦しているところが多い。この世代については、逆に農業や家業を中心とする山間地域では積極的な取組みが見られることから、次節の包括的な施策と合わせて考えていきたい。

（2）包括的な政策

　基礎自治体の未来を考える上で大切なことは、"国主導ではなく、当事者である住民と自治体が地域の将来について真剣に考え、選択する"ことである。"市町村の役割"を再定義し、現在の３層制から、国と圏域・圏域外府県の２層制への選択肢も含めて、自治体の存在意義を高めていくべきである。

　小規模自治体の持続可能性・自立への条件は、①国による財源保障・財源支援、②自治体の努力（毎年１％ずつ、人口を地域に着実に取り戻していく、新たな仕事を生み出す、共助のネットワークを再構築する等の工夫により）であるとされるが[33]、特に田園回帰のための条件として、"毎年１％ずつ、人口を地域に着実に取り戻していく"ことが必要となる。都市との共生を進める"パートナーエリア形成"や、地域づくりの鍵をにぎる人材育成策としての、"田舎のプロ"を創る連合大学院の創設等、各地の積極的な取組みが参考となる。市民目線で"市民の役に立つ議会"として、"市民参加型議会"を創設している愛知県犬山市の例も参考になる[34]。

　本格的な人口減少社会を迎え、多くの自治体が「総合戦略」をはじめ、人口対策に取り組んでいるが、地域に関わる人々を増やすという"関係人口（地域と継続的につながる人口）"づくりの視点から一歩進み、地域参画総量（人々が地域の政策過程に参画・関与する総量）の増大が地域を生き残らせる鍵となる。同時に、関係人口を作るのは"地域の人"であり、住んでいなくても地域に関わる人々、離れていても定期的に足を運んで特産品を買ってくれる人など、その地域に住む"定住人口"でもなく、短期的に訪れる"交流人口"でもない"関係人口"を創出するためにも、地域づくりに積極的な住民参加が求められてくる。それは、"人が人を引きつける"からである。また、地域づくり活動を自らの手で企画し、実践できる"地域づくりサポーター（街づくりコーディネーター)"の育成も各地で進められているが、全国地

域づくり人材塾、地域おこし協力隊、地域力創造アドバイザーなどがその好例である。

　自治体職員の教育、人材育成の視点から、大学教育や研修等の中で"コミュニティ政策学"が積極的に取り入れられている。コミュニティ政策学とは何か、確固とした定義が存在するわけではないが、多様なコミュニティ、市民社会と地方自治、地方分権と参加・協働、社会的企業とコミュニティ・エンパワーメント、より良い暮らしへのコミュニティ政策（ワーク・ライフ・バランスとジェンダー、高齢社会、社会的排除、文化）等が主要な論点として含まれてくる。①文化が地域をつくる、②地域自治の住民組織論、③コミュニティをエンパワメントするには何が必要か─行政との権力公共性の共有、④コミュニティデザイン、⑤スマートコミュニティ、⑥住民ニーズと政策評価、⑦政府の効率性、⑧市民力と職員力、⑨平成の大合併と地域社会の暮らし、⑩ソーシャル・ネットワークと地域参画、⑪自治体財政の経済分析、⑫自治体経営と財政運営システム、⑬ソフトインフラ─都市の風格と利便性を高める、⑭分権型税制の論点等、幅広い視点が内包される学問領域である[35]。また、地方分権改革、地方主権改革との関連から、法制度の整備として、「地域主権改革一括法」[36]に関する論点が含まれる場合もある。

　地域政策を構成する基本政策の教育も盛んになっており、都市政策（中央集権型から、ものさしを変化させた地域主導型政策へ）、住宅政策（国主導の全国一律型政策から）、農業政策農・林・水産業×福祉（ホームレスや生活保護受給者と人手不足の農業をつなぐ、障害者雇用と農業）、産業政策（商いの場と交流の場を共存させた商店街、3世代交流広場を開設した麻生商店街振興組合、地域資源の新たな循環で活性化、交流人口を増やし生きがいマネー獲得、社会減ゼロに向けて"移住定住推進アクションプラン"、官民で取り組む地方創生、企業と行政の連携など）、交通政策（モビリティの確保とその向上、都市部と

農村部で異なる－総務省の調査）、社会政策（社会政策第1期は資本主義における労働者の保護に始まる、長時間労働の制限や若年・女性労働者の保護、貧困者の救済、工場法や救貧法、第2期は福祉国家の構築を目標に社会政策を体系化して行った時代、労働者の保護や権利の拡大、労働基準法、最低賃金法、男女雇用機会均等法、各種社会保険・社会保障・福祉の分野で拡大、潤沢な資金を背景に貧困救済から予防へ、生活保護法、完全雇用の達成に向けて、第3期は福祉国家の危機と人口の高齢化、社会主義国家の衰退（国際社会）、社会政策の見直し、第4期は地域における社会政策の展開へ、多様な人材が多様な働き方をしても安心して生活できる社会の構築、ワーク・アンド・バランス政策の必要性、社会政策の実現は地域・自治体が国家と協力しながら主体的に取り組む課題となる等の地域社会政策の時代）、文化政策、教育政策、福祉政策、保健医療政策、環境政策、観光政策、その他、地域経済、地域コミュニティ、地域福祉、地域環境、地域観光等に関する政策と地域史がここに含まれてくる[37]。

　これに関連した研究として、3つの研究理論の関連性を整理分析し、4つの参加型政策分析の特徴をまとめて提示した曽我の研究で展開されている政策ネットワーク論には、一国全体を特徴づけるマクロ・レベルの政治体制を分析するものと、政策領域ごとのネットワークの特徴を分析するメゾ・レベルのものがある[38]。

　2つの分析枠組みのうち、後者が主流であるとして、高齢者福祉にかかわる"制度"と政策の変化を政策ネットワーク間の相互作用の過程として描き出したい今里の研究[39]、自治体が強制的ではなく、自主的・自発的に計画化を選択している現状を明らかにする松井の研究[40]、団体自治と住民自治とを区別し、様々な自治体パターンとの関連性を分析した中村の研究[41]なども参考とすべき政策論点を含むものである。

（3）地域づくりと人材育成

　大改革は簡単ではなく、小さな改革の積み重ねが大切といわれるが、平成時代の自治体職員も31歳を越え、行政の中核を担うようになった。自治体業務の担い手、政策手法、業務内容そのものの変化により、従来とは異なる能力が求められるようになったが、今後のＡＩ時代には更に能力の向上が求められてくる。

　人口減の自治体では行政サービス水準が低下するとされる"2040年問題（団塊ジュニアが高齢者となる時期）"に備えて、現場に強い自治体職員の養成が、多くの自治体で重要な課題となっている。また、自治体職員の競争倍率が最低になっていることからもわかる通り、山間部を中心に自治体職員の人材確保自体も厳しさを増しており、自治体職員の魅力をどう高めるか、また、選ばれる自治体になるためにどのような職場づくりを行うべきか、多くの自治体で施行錯誤が続いている。①「決意」することから始めた事務局改革、②"自分ブランド"で勝負できる自治体職員に、③立ち位置を議員起点、④役所起点から住民起点に、⑤現場こそ自治体職員の庭だ、⑥微力は無力ではない、⑦地元を生き抜き、大成するために、⑧地域の課題に住民とともに向き合い、ゴールへ導ける人材に、⑨わがまちファースト、等、平成時代の職員が活躍する自治体は全国に多数存在している[42]。また、包括的な地域社会への視座として、市民とともに成長する職員を育てて行く上でも、"ケアの複合化と自治型・包括型・多世代型地域ケアシステムの構築"等、分野横断的な地域福祉の実現が必須となる。

　地域づくりの成功事例は多数挙げられる[43]。高齢化等を背景に労働者や後継者といった地域の担い手確保が急務となっていることから、潜在的な地域担い手の掘り起こし（例えば育児や介護を理由に、働く意欲があっても実際に就労していない人々が働ける環境を作る）が急務となっており、全国各地でさまざまな取組みがなされている。①ふるさとイベント大賞、ふるさとづくり大賞など、世界一・日本一のま

ちづくりを表彰するしくみ（平成29年度ふるさとまちづくり大賞は、ＮＰＯ法人石巻復興支援ネットワーク（宮城県石巻市）、住み続けたいまちづくりでふるさと復興−熊本県益城街ＮＰＯ法人など）、②事務局を民間に移行し、事業を見直し組織を強化した宮崎県地域づくりネットワーク協議会の事例、③映画づくりをまちづくりの手段としたＮＰＯ法人みしまびと(静岡県三島市を中心とした地域で映画を作成)の取組み、③改革に取り組む地域づくり団体全国協議会、都市と農山村は互いに足らざるところを補って、初めて双方が生き残っていけるとして、「地域運営組織」（地区全戸加入のNPO法人）が多彩な地域づくり・人づくりを展開している山形県川西町の事例等は、その好例である。

　三鷹市のように、市民とのパートナーシップを前提とした街づくりを進めてきた長い歴史を持つ自治体は少なく、また市民の側からの、政策過程への積極的な参加がみられない街が、全国には数多く存在している。市民の政治・行政への積極的な働きかけが常態化している欧米諸国とは異なり、わが国はまだまだ、"街づくりは行政任せ"という政治文化から抜けだせない部分も多い。それでも、本稿で挙げた様々な事例に見られる通り、多くの自治体において、行政サイド・市民の双方が良い方向で変わろうと試行錯誤を続けており、従来の高齢者と専業主婦を中心とした地域集団活動から、子どもや現役世代をも巻き込んだ、より包括的な政策参加と協働を可能とする法システムづくりが進められている。

　"市民主導型"政策プロセスの創造に向けて、世界一高いといわれるソーシャル・キャピタルを活かしたこのような積極的な取組みが、全国各地に拡大していくことを期待したい。

1 「自治基本条例」は住民自治に基づく自治体運営の基本原則を定めた条例であり、名称は「ま
　ちづくり条例」「まちづくり基本条例」「市民基本条例」など自治体により異なる。近年ではこ
　れら条例から発展して、より市民参加と協働に焦点を当てた「市民参加条例」などが各地で施
　行されている。

2 田尾雅夫『市民参加の行政学』法律文化社、2011年。

3 森啓『新自治体学入門―市民力と職員力』時事通信社、2008年で紹介されている自治体学会の
　設立等はその好例である。

4 山口道昭『協働と市民活動の実務』ぎょうせい、2006年。

5 羽具正美編著『自治と参加・協働―ローカル・ガバナンスの再構築』学芸出版社、2007年。

6 大野晃『限界集落と地域再生』高知新聞社、2008年では、全国に拡大する限界集落の現状が紹
　介されており、自治体間格差の現状と分析もなされている。その中で、限界集落における地域
　自治組織が、地域再生のために重要な役割を果たす可能性が指摘されている。

7 リムボン・まちづくり研究会編著『まちづくりコーディネーター』学芸出版社、2009年。

8 Martin Roche, "Using Social Capital in the policy context : Challenging the orthodoxy",
　Social Policy Review 14, 2002, pp.249-263.

9 Patricio Valdivieso and Benjamin Villena-Roldan, "Opening the Black Box of Social Capital
　Formation", *American Political Science Review*, vol.108, No.1,2014, pp.121-143.

10 Peer Scheepers and Jacoues Janssen, "Informal Aspects of Social Capital : Developments in
　the Netherlands 1970-1998",*The Netherland Journal of Social Sciences*, Vol.39,no,2, 2003,
　pp87-106.

11 金基成「社会関係資本と地方政府の役割－制度と文化の相互強化的好循環の可能性」公共政策
　研究（日本公共政策学会）、第5号（2005年）130－140頁。

12 第38巻4号、2015、11　特集：多世代共創の持続可能なコミュニティづくり
　川本清美「気候変動適応策におけるソーシャル・キャピタルの役割―沿岸域交通を対象に―」
　『計画行政』（日本計画行政学会）第36巻2号、2015、57－64頁。

13 経済社会学会年報、第46回大会、2010－11頁。

14 第52回共通「公共性の新しい地平」39号、2017頁。

15 井上寛「組織間ネットワークに見るコミュニティの社会構造」『社会分析』第41号、2014年、
　27－46頁。

16 小山弘美「コミュニティのソーシャル・キャピタルを測定する困難さ－世田谷区「住民力」調
　査を事例に－」『社会分析』第41号、5-26頁。

17 坂本治也「地方政府を機能させるのも？－ソーシャル・キャピタルからシビック・パワーへ―」
　公共政策研究（日本公共政策学会）第5号（2005年）141－153頁。

18 小林大造「福祉国家から福祉社会へ―共助の中間組織の再生と近代の超克にむけて」『経済社
　会学会年報』33号、2010、24－32頁。

19 三谷はるよ『ボランティアを生み出すもの―利他の計量社会学』有斐閣、2016年。

20 松永桂子『創造的地域社会　中国山地に学ぶ超高齢社会の自立』新評論、2012年。

21 ハラール・ボルデシュハイム、クリステル・ストールバリ編著『北欧の地方分権改革―福祉国
　家におけるフリーコミューン実験』日本評論社、1995年。

22 山口道昭編『協働と市民活動の実務』ぎょうせい、2006年、8－9頁。

23 務台俊介『続・地域再生のヒント－東日本大震災の教訓を活かす』ぎょうせい、2012年。

24 三鷹市『自治基本条例ガイドブック』より。

25 2種類の地域集団については、第3章、図表3－8を参照のこと。

26 これらについては、三鷹市生活環境部コミュニティ文化室職員へのヒアリングにより明らかに
　された（ヒアリング実施時期：2019年1月）。

27 人口減少社会とは、出生率の低下などを背景に、人口が減少し続けている社会。日本は世界に
　類を見ない人口減少時代に突入しており、経済・租税・福祉・教育等、様々な分野へ社会的影
　響がみられると懸念されている。

28 三重野卓「人口減少社会の構図－格差、共生、そして福祉国家」『経済社会学会年報』第30

　　号、2008年、4-11頁。

29　こども・子育て支援新制度とは、平成24年に8月に成立した「子ども・子育て支援法」「認定こども園法の一部改正」「子ども・子育て支援法及び認定こども園法の一部改正法の施行に伴う関係法律の整備等に関する法律」の子ども・子育て関連3法に基づく制度のこと。基礎自治体を実施主体とした、地域の実情に適した子ども・子育て支援を可能にする制度として作られた。詳細は内閣府ホームページ（https://www8.cag.go.jp）を参照のこと。

30　これら活動の詳細については、『地域づくり』2018年2月号（特集：子どもと取り組む魅力的な地域づくり）を参照のこと。

31　おきたま地域づくり「人と地域をつなぐ事業」の詳細については、https://www.okikou.or.jp/wp-cortentを参照のこと。

32　CCRCとは「Continuing Care Retirement Community」の略で、アメリカが発祥の高齢者が暮らす共同体である。高齢者がそれまで居住していた地域を離れて移り住み、健康時から介護や医療サービスが必要となる時期まで継続的にケアや生活支援のためのサービスを受けられる施設である。現在、全米に約2000か所のCCRCがあり、約75万人が暮らしている。日本版CCRCでも地域との交流が重視されている。

33　嶋田暁文「小規模自治体の持続可能性と自立への道」『ガバナンス』2018年9月号、32-34頁。

34　関係人口と自治体政策、人口対策に関するこれら事業については、『ガバナンス』2018年2月号（特集：「関係人口」と自治体-人口対策・第3の道）を参照のこと。

35　坂田周一監修『コミュニティ政策学入門』誠信書房、2014年。

36　小泉祐一郎『地域主権改革一括法の解説-自治体は条例をどう整備すべきか』ぎょうせい、2011年。
　　川崎政司『「地域主権改革」関連法-自治体への影響とその対応に向けて』第一法規、2012年。

37　増田正他編著『地域政策学事典』勁草書房、2011年。

38　曽我謙吾「官僚制研究の近年の動向：エージェンシー理論・組織論・歴史的制度論（上）」『季刊行政管理研究』第154号、2016年、3-15頁。

39　今里佳奈子「政策ネットワーク間関係から見る社会福祉制度改革」『季刊行政管理研究』第98巻、2002年、42-55頁。

40　松井望「「基本方針による管理」と計画化：総合戦略と総合計画を事例に」『公共政策研究』、第17号、2017年、40-51頁。

41　中村保志「「地方創生」時代の自治体間競争における団体自治と住民自治の弁証法」『社会文化研究』第19号、2017年、7-37頁。

42　詳細については、『ガバナンス』2018年1月号（特集：次代の自治・自治体職員のミライ）を参照のこと。

43　地域の担い手を育む視点からの成功例については、『地域づくり』2018年3月号（特集：平成29年度ふるさとづくり大賞）、2018年5月号（平成29年度ふるさとイベント大賞）、 2018年11月号（特集：地域の担い手を育む）等を参照のこと。

第2章

地域包括ケアシステム

"地域包括ケアシステム"は、国がそれを提案し推進しているものであり、わが国の医療・福祉の政策領域において、近年ますますその重要性を高めているものである。厚生労働省はこれを、"重度な要介護状態となっても住み慣れた地域で自分らしい暮らしを最期まで続けることができるよう、住まい・医療・介護・予防・生活支援が一体的に提供されるシステム"と捉え、重度な要介護状態となっても"自分らしい暮らし"が提供されるしくみを提案している。世界一の長寿国である日本版の生活大国を実現していく上でその確立は必須であるが、人材不足や連携のあり方をめぐる諸問題により、その構築に難航している自治体も多い。勿論、"介護が必要になってきたら"地域包括ケアシステムに頼る、のではなく、要介護状態にならないような"予防"も含め、すべての人々が最期まで住み慣れた地域で自分らしい暮らしを送れるようなシステムを構築していくことが求められるのであるが、現状としては、まずは、"在宅介護を基本とした包括ケアシステムの確立が急務である"というのが、国が採るスタンスである。厚生労働省によると"地域包括ケアシステムは、老人クラブ・自治会・ボランティア・NPO集団等の地域集団の役割に大きく期待することから、その運用は地域の自主性に任されており、ガイドラインや補助金といった国―地方の上下関係のもとに成り立つ仕組みを残しつつも、保険者である市町村や都道府県が、地域の自主性や主体性に基づき、地域の特性に応じて作りあげていくことが必要である"とされる[1]。

　地方分権改革や介護保険制度導入の際にも同様の現象が見られたが、スローガン・構想はいいけれども、実際の政策を実施する現場は困ってしまうというのも現状である。限られた人材・予算の中でどのように理想に近いシステムを作りあげていったら良いのか、その方向性すら手探りではあるが、少しでも有効な政策手段を模索し、その地域の実情にあった地域包括ケアシステムを構築していく必要性は明らかである。

本章では、生活大国の実現に向けて、地域福祉の視点から、地域包括ケアシステムや多職種連携のあり方、現状、課題等について検討していく。"幸福感は、とても大きいけれど滅多にしか起こらない幸運よりも、毎日のちょっとした恵みにより生まれる"という、米国独立宣言の起草者ベンジャミン・フランクリンの有名な言葉があるが、個人や家族の日常生活を支える地域社会のあり方は、人間の幸福感や生活大国のあり方に多大な影響を及ぼすものと考えられるからである。

図表２−１　地域を支える保健・医療・福祉一体化システム

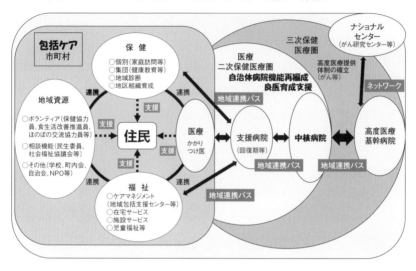

図表２−２　新しい地域支援事業の全体像

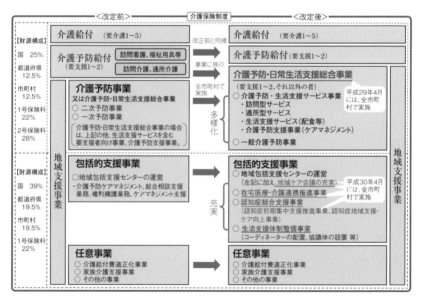

図表2－3　在宅医療・介護連携の推進について

> 国では、平成２７年度から、市町村が行う地域支援事業（包括的支援事業）に、**在宅医療・介護連携推進**を位置付けた。
> **平成３０年４月**には、**すべての市町村**が、介護保険制度の中で**在宅医療・介護連携に取り組む**こととされた。

【市町村が取り組むこととされている８事業項目】
◆地域の医療・介護の資源の把握　　　　　　　◆在宅医療・介護連携に関する相談支援
◆課題の抽出と対応策の検討　　　　　　　　　◆医療・介護関係者の研修
◆切れ目のない医療・介護提供体制の構築推進　◆地域住民への普及啓発
◆医療・介護関係者の情報共有の支援　　　　　**◆二次医療圏内市町村等の広域連携**

県の取組　＜「二次医療圏内市町村等の広域連携」に対する弘前保健所の支援（平成２７年度）＞

入退院時の医療（病院）と介護（ケアマネ）の連携

≪支援前≫

○**個々の病院やケアマネによって対応がまちまち**

・情報提供されないケース
・情報が不足するケース　が発生

弘前保健所による支援

≪支援後≫

○**圏域内共通の退院調整ルールを策定**
（全病院・全ケアマネ事業所、全市町村が共有）

ルール
・情報共有の統一様式
・退院７日前までに病院から情報提供　など

どの病院、どのケアマネでも適期に必要な情報の把握が可能に

※ 平成２８年度 ： 五所川原保健所・上十三保健所管内の２圏域にも拡大
　 平成２９年度 ： 県内全圏域に拡大

1 生活大国と幸福度

　ひと口に"幸福な暮らし"の保障といっても、その基準は一様ではない。個々人の価値観により、どのような生活を豊かなものと考えるか異なる上に、それは年齢、性別、世代、家族構成、出身地など多くの要素により、より多様なものになるからである。人々の幸福な生活を保障する"生活大国"がどのような国家であるのか、その国家像が明確化しにくいのも、この"幸福感"そのものが、主観的かつ多様なものだからである。

　自由な経済活動を最優先する"小さな政府"は、格差社会を容認し、税金による公務員の活動を最小限にとどめることで、能力・業績主義に徹した、"公平な競争社会"を実現しようとする。GDP（国民総生産）で長らく世界第1位を維持しているアメリカ合衆国は、主要先進国の中で"小さな政府"を追求する代表的な国として知られるが、税金をできる限り最小限にとどめ、国民の自己責任のもとに、自由競争社会を築きあげてきた。その結果、世界有数の大富豪を生みだし、優秀な人材を世界中から集めることで、経済力に留まらず様々な分野で、世界の中心的役割を果たしている一方、国内には多くのホームレスがあふれ、銃社会が生み出す病理や人種差別の残存など、深刻な社会問題が未解決のままとなっている。

　他方、所得格差を最小化するために、公務員が様々な社会保障政策を実施していく"大きな政府"は、"結果としての人々の暮らし"を公平なものにするために、高い税金を市民に課すかわりに、あらゆる側面から行き届いた公共サービスを提供していく。世界で最も高い水準の福祉国家を実現していることで知られる北欧諸国（ノルウェー、

スウェーデン、デンマーク等）では、所得の50％を超える高い税金を国民に課す代わりに、教育、医療、社会保障政策をはじめとする多分野で、すべての国民に高い水準の行政サービスを提供する“格差の小さい社会”を実現している。女性の社会進出や教育領域での国際競争力等で世界第1位を誇るこれら北欧諸国は、豊富な天然資源に支えられ、国内労働力の低下等の問題を克服するための努力を続けている。低負担低福祉の自由主義国家を追求するのか、それとも高負担高福祉の福祉国家を実現するのか、といった議論のもとに、各国が理想の国家像を追求した結果、自由主義国家をできる限り純粋に追求したアメリカ合衆国は世界第1位の経済大国となり、また民主主義国家でありながら、国民の高負担を前提に、すべての国民に限りなく平等に近い社会を実現した北欧諸国は、世界で最も高水準の福祉国家を実現したとされるのである。

　やがて世界の多くの国々は、極端な自由主義国家でも福祉国家でもない、中間的な国家像を求めるようになり、自由主義経済を前提としながらも、ある程度の社会保障政策を実施する第3の道を選択することで、自由な経済活動を保障しながら、同時に所得格差を是正するしくみを持つ国をめざすことになる。社会保障政策に公的セクター以外のアクターも参加させていく“福祉ミックス論”等、その政策実施手法にも工夫がなされていくわけだが、“純粋な自由主義”と“純粋な福祉国家”の間で、いわば妥協点を見つけ、それぞれの国が実現可能な水準で、できる限り国民の生活を豊かなものにしようと試みていくのである。そのなかで一つの選択肢として、健全な財政と人口バランスのもとで、国民の収入、生活、教育、文化、環境、医療、社会資本など、多様な公共政策をバランスよく一定水準に保障していくことができる“生活大国”が注目され始め、それを実現しているとされるカナダやオーストラリア、ニュージーランド等が、国際社会において脚光を浴びるようになっている[2]。自由競争をある程度保障することで、

国外への労働力の流出を防ぎつつ、適度な公的セクターの介入により、一定水準の文化的な生活水準を、全ての国民に保障しようとする国家である。

　わが国においても、1992年に宮澤喜一首相が『生活大国5カ年計画—地球社会との共存をめざして—』という経済計画を提示し[3]、"生活大国"というものが国家ビジョンとして提示された。それ以降、従来の経済発展最優先の公共政策のあり方を見直し、国民の暮らしやすさを実現するために、より日常生活に関わる身近な公共政策を実現していこうとする気運は高まる一方である。しかし、スローガンとは裏腹に、現在でもわが国の政治・行政システムは一向に、経済一辺倒の価値観から脱却できないでいると言わざるを得ず、"経済発展"を最優先とし、その上での"生活大国"や"暮らしやすさ"を考えている状況が続いている。更に、少子高齢化も借金大国も改善されないまま、国民の負担ばかりが増えていく現在の私たちの生活は、"真の豊かさ"から、ますます遠いものになっていると言わざるを得ないが、それでも、地域包括ケアシステムから社会を変えていく方向性が指摘される[4]など、国民の幸福な生活が保障される生活大国を、地域住民の視点から確立していく可能性は十分に存在している。

　"幸福感"とはどのようなものか、それを数値や指標で明示することは極めて難しいが、既に世界中の多くの研究者により検討がなされている。OECD諸国の豊かさを比較する際にも、経済的な豊かさを示す指標GDP（国民総生産）は必ずしも国民生活の真の豊かさを測定できるものではないとされ、主観的幸福度や客観的幸福度を区別した上で科学的に測定する試みや、幸福感と社会関係資本との関連性に関する分析[5]、社会政策との関連から、幸福を阻害する要因についての研究も進んでいる[6]。

　地域で実施される政策についても、市民満足度を測定し、政策効果との関連を検討していくことが求められ、OECD諸国の国際比較と同

図表２－４　政策重要度と満足度

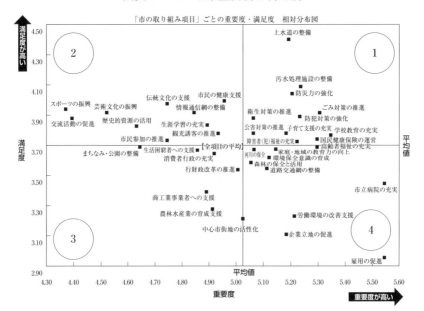

「市の取り組み項目」ごとの重要度・満足度　相対分布図

（出所）　秩父市『平成22年度市民満足度調査の結果をお知らせします』2011年（http://www.city.chichibu.lg.jp/secure/5524/22chosakekka-komento1.pdf）（2013年2月1日筆者アクセス）

様に、主観的指標を客観的指標とを区別した上で"市民満足度"を測定し、政策重要度との関連性を調べたり、分野別に満足度を比較することで、公共政策の優先順位を決めていこうとする動きが見られる[7]。また、満足度に関する主体間の比較（例えば官民比較や市民と行政職員の比較）や満足度を規定する要因についても検討されている[8]。

住民幸福度に基づいて都市の実力を評価していこうとする試みも多方面からなされている。例えば上村は、都市は"GDP志向型発展モデル"（3要素は人材と食料の供給、財政移転、インフラ整備）によってではなく、個々人の"市民の等身大のハッピネス（NPH）"をより評価されるべきであるとしている[9]。このような価値観の変化により、評価のものさしが変化し、"地域独自の手法によりNPH拡大に

図表2－5　因果モデル

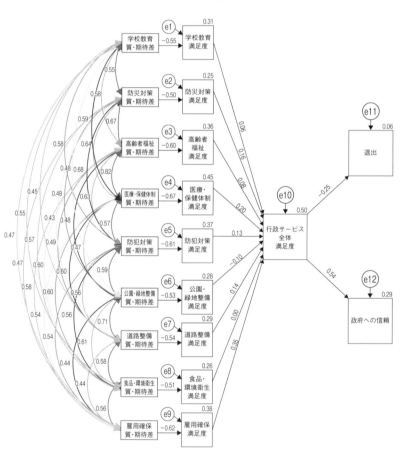

寄与できているか"が、都市の実力評価の基準となってきているとしている。ここではNPHの３要素は①社会とのつながり、②環境・アメニティ、③雇用・所得、であるとされ、先述のソーシャル・キャピタルや地域社会での活動が、住民幸福度の向上につながり、ひいては都市行政の成功度に寄与することが改めて確認できる。

適合度

	全体 モデル	大阪市 モデル	神戸市 モデル
GFI	0.889	0.860	0.844
AGFI	0.814	0.765	0.739
NFI	0.906	0.872	0.884
CFI	0.933	0.925	0.931
IFI	0.934	0.928	0.933
RMSEA	0.085	0.087	0.090
標本数	300	150	150

パス係数の有意確率

			全体モデル		大阪市モデル		神戸市モデル	
			標準化係数	確率	標準化係数	確率	標準化係数	確率
「質と期待の差」満足度への影響	学校教育満足度	<--- 学校教育質・期待差	-0.554	***	-0.420	***	-0.669	***
	防災対策満足度	<--- 防災対策質・期待差	-0.496	***	-0.348	***	-0.600	***
	高齢者福祉満足度	<--- 高齢者福祉質・期待差	-0.600	***	-0.561	***	-0.631	***
	医療・保健体制満足度	<--- 医療・保健体制質・期待差	-0.669	***	-0.668	***	-0.672	***
	防犯対策満足度	<--- 防犯対策質・期待差	-0.606	***	-0.577	***	-0.634	***
	公園・緑地整備満足度	<--- 公園・緑地整備質・期待差	-0.529	***	-0.422	***	-0.634	***
	道路整備満足度	<--- 道路整備質・期待差	-0.540	***	-0.477	***	-0.619	***
	食品・環境衛生満足度	<--- 食品・環境衛生質・期待差	-0.508	***	-0.474	***	-0.543	***
	雇用確保満足度	<--- 雇用確保質・期待差	-0.620	***	-0.594	***	-0.642	***
個別サービス満足度からサービス全体満足度への影響	行政サービス全体満足度	<--- 学校教育満足度	0.063	0.214	-0.073	0.371	0.157	0.010**
	行政サービス全体満足度	<--- 防災対策満足度	0.162	0.003**	0.135	0.119	0.209	0.002**
	行政サービス全体満足度	<--- 高齢者福祉満足度	0.079	0.182	0.006	0.946	0.117	0.127
	行政サービス全体満足度	<--- 医療・保健体制満足度	0.197	0.001**	0.216	0.013*	0.217	0.006**
	行政サービス全体満足度	<--- 防犯対策満足度	0.133	0.011*	0.252	***	0.024	0.716
	行政サービス全体満足度	<--- 公園・緑地整備満足度	-0.096	0.083	-0.101	0.196	-0.083	0.258
	行政サービス全体満足度	<--- 道路整備満足度	0.138	0.019**	0.197	0.014*	0.048	0.556
	行政サービス全体満足度	<--- 食品・環境衛生満足度	0.003	0.950	-0.116	0.140	-0.071	0.314
	行政サービス全体満足度	<--- 雇用確保満足度	0.352	***	0.394	***	0.363	***
満足度と退出・信頼	退出	<--- 行政サービス全体満足度	-0.250	***	-0.240	0.002**	-0.239	0.003**
	政府への信頼	<--- 行政サービス全体満足度	0.537	***	0.506	***	0.559	***

***：0.1％有意，　**：1％有意，　*：5％有意

出典：野田遊『市民満足度の研究』日本評論社、2013年

また、日本総合研究所等により、全47都道府県の幸福度ランキングも公表されており[10]、地方自治体の行政サービス水準を、経済指標やある特定の基準から測定するのではなく、生活の諸方面を包括的に捉える"幸福度"から評価していく動きは、国内外を問わず主流となっている。

図表２－６　５つの評価軸、20の要素、30の指標

評価軸(5個)	要素(合計20個)	具体的な指標(合計30個)
1. 子ども軸	(1)乳幼児死亡率が低い	1－①0～4歳児1000人当たり死亡者数
	(2)保育所待機児童が少ない	1－②保育所待機児童数
	(3)不登校の児童・生徒が少ない	1－③小学生1000人当たり不登校児童数 1－④中学生1000人当たり不登校生徒数
	(4)少年非行・犯罪が少ない	1－⑤15歳未満1000人当たり触法少年補導者数 1－⑥20歳未満1000人当たり少年犯罪検挙者数
	(5)児童虐待が少ない(大切に育てられている)	1－⑦15歳未満1000人当たり児童虐待相談件数
	(6)知識・教養を身につける(能力向上)機会が多い	1－⑧中学校新規卒業者の高等学校進学率 1－⑨高等学校新規卒業者の大学進学率
2. 安心・安全、家庭軸	(1)犯罪や火災が少ない	2－①人口1万人当たり刑法犯認知件数 2－②人口1万人当たり火災件数
	(2)家庭内の不和が少ない	2－③1000世帯当たり家事審判・家事調停受理件数 2－④離婚率
	(3)出生率が高い	2－⑤20～30歳台女性100人当たり出産数
	(4)不慮の事故や自殺などで身内を失うリスクが小さい	2－⑥人口10万人当たり交通事故死者数 2－⑦人口10万人当たり不慮の事故(除く交通事故)による死者数 2－⑧人口10万人当たり自殺者数
3. 仕事・経済軸	(1)失業率が低い	3－①完全失業率
	(2)女性にも働く場(活躍の場)が多い	3－②15歳以上女性の有業率
	(3)転職を希望する人が少ない(現在の仕事に満足している)	3－③15～64歳の有業者1000人当たり転職希望者数
	(4)生活保護世帯が少ない	3－④生活保護世帯割合
4. 連帯・信頼軸	(1)仕事以外にもつながりを持つ機会が多い	4－①自治会加入率 4－②子ども会加入率 4－③老人クラブ加入率
	(2)他人を信頼してルールを守る	4－④NHK受信契約率 4－⑤給食費未納額の割合
5. 高齢者軸	(1)独居老人が少ない	5－①単身居住高齢者の割合
	(2)平均寿命が長い	5－②平均寿命(男女単純平均)
	(3)肉体的に健康な高齢者が多い	5－③高齢者に占める要介護等認定者の割合
	(4)当事者が望む居宅介護の割合が高い	5－④要介護等認定者で居宅介護を受けている人の割合

出典：新潟市都市政策研究所『社会資本評価プロジェクト報告書2007』(2008.3)

図表2－7　17政令指定都市の成績表

	評価軸1:子ども軸									評価軸2:安心・安全・家庭軸								評価軸3:仕事・経済軸				評価軸4:連帯・信頼軸					評価軸5:高齢者軸				相対優位指標数割合(%)	相対劣位指標数割合(%)
---	①	②	③	④	⑤	⑥	⑦	⑧	⑨	①	②	③	④	⑤	⑥	⑦	⑧	①	②	③	④	①	②	③	④	⑤	①	②	③	④		
札幌市	9	8	3	4	7	8	4	5	16	8	12	6	16	17	9	3	10	14	15	15	15	10	11	17	16	17	10	8	11	13	16.7	46.7
仙台市	7	17	12	13	7	8	9	2	11	12	7	7	5	14	6	5	3	12	12	17	3	4	2	12	9	15	5	3	9	3	36.7	36.7
さいたま市	8	7	15	9	8	4	4	3	3	9	9	17	3	9	6	5	5	5	9	14	3	11	9	14	8	14	4	6	3	14	40.0	23.3
千葉市	4	11	4	6	1	13	14	7	10	12	11	12	9	11	5	2	2	9	13	12	7	9	13	16	6	13	6	10	3	2	26.7	40.0
川崎市	16	14	2	16	4	7	11	10	9	4	5	1	10	8	3	7	6	6	3	10	8	15	10	13	12	7	8	8	7	15	23.3	30.0
横浜市	14	16	16	12	6	6	7	6	4	2	4	3	8	10	3	8	4	13	11	13	16	8	*	8	7	12	7	2	7	7	27.6	24.1
新潟市	10	1	5	8	9	5	10	1	12	3	2	4	1	6	12	14	16	8	4	11	5	6	1	2	1	3	2	5	6	5	60.0	16.7
静岡市	2	3	*	*	2	3	5	8	7	7	6	8	4	5	17	15	7	3	2	5	2	1	2	10	3	9	3	12	4	6	53.6	10.7
浜松市	3	5	14	10	5	1	3	11	15	10	10	10	2	15	1	11	2	1	1	2	6	5	5	11	9	8	1	1	1	10	63.3	20.0
名古屋市	17	12	8	2	12	9	8	12	5	16	10	9	6	16	8	4	9	10	6	4	6	*	4	7	5	6	11	14	5	8	27.6	34.5
京都市	13	6	11	3	10	16	15	17	1	13	1	14	6	11	11	4	17	9	8	7	13	*	*	7	11	6	14	11	10	1	17.9	46.4
大阪市	11	15	6	15	14	12	17	16	17	7	16	16	17	13	13	4	17	17	17	6	17	13	*	9	17	10	17	16	16	16	0.0	79.3
堺市	15	10	9	14	15	10	17	13	14	10	14	8	15	4	14	6	15	13	16	3	14	12	6	14	4	4	9	5	17	12	10.0	63.3
神戸市	5	13	1	7	13	14	13	4	6	11	15	2	7	15	7	16	13	16	17	8	16	8	*	15	13	11	16	13	12	11	13.8	65.5
広島市	1	4	13	5	16	11	16	2	16	13	14	11	13	3	16	17	8	15	5	13	10	14	4	4	2	2	12	14	14	4	46.7	36.7
北九州市	6	1	10	1	17	17	16	16	17	10	17	5	13	3	4	10	9	15	14	9	9	7	12	6	10	1	13	15	15	9	16.7	50.0
福岡市	12	9	7	11	11	15	2	14	8	3	3	13	13	3	4	10	8	8	16	16	9	3	3	5	15	16	13	7	9	17	16.7	56.7

注）各升目の数字は順位であり、□は相対優位（1～5位）、▨は相対中位（6～10位）、▩は相対劣位（11位以下）を示す

出典：図表2－6と同様

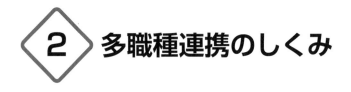

② 多職種連携のしくみ

　地域包括ケアシステムを実際に支える"医療"と"福祉"は、わが国では関連する政策領域として扱われることが多いが、それぞれの領域は連携が不十分であり、またそれぞれがより確固とした地位を確立すべきであるという両視点において、改善すべき点が多い。地域包括ケアシステムの構築が叫ばれ、ケアが必要となった個人を多職種が連携して、地域で包括的に支えていこうとする気運が高まっているが、かけ声とは裏腹に、現実の運用は極めて厳しいものとなっている。特に少子高齢化の進行により、過疎化が進む多くの山間地域では、包括ケアシステムを支える人材そのものが不足し[11]、十分な体制を作り上げていくことが難しい。加えてケアの現場では、多職種それぞれの情報共有やコミュニケーションの不足や、職種特有の業務分担から生じるセクショナリズムに類似した役割分担が生み出す諸問題により、個人の日常生活を地域社会で支えていく上で本当に必要なサービスが提供できない場合も多い。

　現状はこのようなものであっても、施設収容型の医療・福祉から、地域で日常生活を送ることを可能とする在宅型への移行それ自体は望ましいものであると考えられ、また在宅でケアが必要な個人（または家族）を支えていくためには、多職種が連携する地域包括ケアシステムが必要である点も否めない[12]。なおかつ、少子高齢化や過疎化は長らく改善の必要性が叫ばれつつも、それほど有効な解決策を見いだせないまま現在に至っている点を考えると、それを現状として受け入れながらも、限られた人材、厳しい財政状況の下で、より良いシステムを構築していくことが求められてくる。生活大国をめざす枠組みの中

で、身の丈にあった地域社会の確立が必要であり、その中で、行政の
みならず、様々なアクターがその長所を最大限に活かして、効率的か
つ効果的に活動を展開していくことで、日本の政治文化に適したシス
テムを作りあげていくことができるからである。先進諸国の事例を参
考にしながらも、それをただ直輸入するのではなく、わが国の現状に
適した形にしていくことが必須となる。

（1）ソーシャル・キャピタルと地域集団

　わが国の政治文化・地域社会の現状を把握する上で、特徴的なこと
を挙げていきたい。

　第一に、より有効な地域包括ケアシステムを構築し、多職種の連携
をスムーズにしていく上で検討すべき点が、世界で最も高いといわれ
る"ソーシャル・キャピタル（社会資源、人間関係資本とも訳す）"
を活かしたシステムの構築である。この点は近年盛んに叫ばれるとこ
ろであるが、地域コミュニティにおける、多様なネットワークを活かし
たシステムをどのように作りあげていくべきであるのか、現場では、
さまざまな主体による施行錯誤が繰り返されている[13]。

　ここでいう多職種とは、狭義では、個人（家族）の日常生活を実際
に現場でケアする"医師"、"看護師"、"薬剤師"、"社会福祉士"、"介
護福祉士"、"栄養士"等になり、それらがどう連携していくかが課題
とされることが多いが、より広い意味では、個人や家族の地域生活を
取り巻く諸アクターを包括的に含むべきであると考えられ、行政サー
ビスのミックス論で叫ばれるところの、国および2層の地方自治体に
属する"公務員"、社会福祉協議会やNPO集団等の"中間集団"、自治
会・町内会を始めとする"地域集団"、ならびに"民間事業者"等
が、狭義の意味での多職種とどのようにネットワークを構築していく
べきなのかという、より広い連携をも検討していくべきである。"人
間関係ネットワーク"とも呼ばれるソーシャル・キャピタル（Social

Capital）は、わが国とドイツが世界一高いと言われるが[14]、少ない費用で効率的かつ効果的に公共政策を形成・実施していく上での、有効な社会資産であると評価されるものである。それは日本社会では、個人の日常生活における隣近所や地域社会とのつながりから始まり、集団プレーとチームワークを前提とするわが国の職場を始めとする、組織文化そのものの中にも広く見られるものである。これを政策の実施において有効に機能させるためには、ソーシャル・キャピタルが実際に活動する主体として顕在化している“地域集団”（自治会・町内会等の自動加入型地域集団とNPO集団のような自由加入型地域集団とに大別される。図表2－8）を包括ケアシステムの中核として位置づけていく取組みが必要となる。政策形成・実施過程における地域集団の有効性・必要生は既に認識されているが、それらは地域ケアシステムと自動的に結びつくものではなく、行政によるコーディネートが必要不可欠になる。このような意味で、地域社会において行政が果たす役割も、政策形成・実施の“主体”から、住民や地域集団が政策を自ら作りあげ、実際に現場で活動を展開するための“コーディネーター”役、“アドバイザー”役として、変化していくことが求められてくる。それは同時に、公務員に求められる資質や、採用から昇進に至る行政管理システムのあり方、公務員教育等の人材育成システムの内容そのものの改善にもつながっていくのである。

図表2－8　2種類の地域集団

	自動加入型地域集団	自由加入型地域集団
特徴	行政からの補助金あり	基本的に行政からの補助金なし
役割	・行政からの委託業務あり 　（情報提供、募金収集等） ・情報提供という側面で、行政と 　住民とをつなぐ	・加入員の自由意志による活動が 　基本だが、近年では行政による 　業務委託あり
例	自治会、町内会、老人クラブ	ボランティア団体、NPO集団

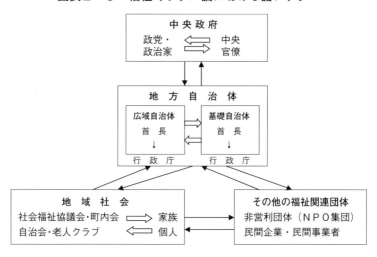

図表2-9　福祉ミックス論における諸アクター

　地域コミュニティを社会システムの主要な政策アクターとして位置づけていくことの重要性は既に広く認識されており、また地域社会において、NPO集団や自治会・町内会がどのような役割を果たしており、また両者の連携が可能であるのかについては、多くの研究者や自治体職員により研究・調査結果が報告されているところである。それらをまとめてみると、現時点では、新しいタイプの地域集団であるNPO集団と地縁組織型集団である自治会・町内会はそれぞれ独自の活動を展開しており、協力・連携の可能性は多少残されているが、そのためには現在の市民社会の構造そのものを変える必要があり、NPO法人についてはその専門性と組織規模を拡大し、その活動機能をより強化していくことが求められ、他方地縁型組織の旧態依然の活動原則については、大きくその発想を転換していくことが必要となる。どちらもそれが行政との関わりから生まれていることである点を勘案すると、両者の強化と連携のためには、行政の取組みが変わらなければならないことが明確化されてくる。

（2）職種間の連携

　次に検討すべきは、それぞれの職種間でのチーム連携手法である。現在ではチーム連携といいながらも、医師とその他の職種との上下関係が存在し、チーム医療の問題の根源となっている。チーム医療とは、"医師、看護師、薬剤師、診療放射線技師、臨床工学技士、メディアカルソーシャルワーカー等がチームとして連携していく取組み"であるが、第一にその"リーダーシップのあり方"、第二に"報酬"という財政的側面、第三に"資格制度"の違い、に起因する諸問題が、現場でのチームワーク構築を阻害しているからである。

　第一の点については、現制度下では、提案の根拠となる病状把握は医師にしかできないため、指示を出す医師がリーダーシップを取るのは必然ではあるが、"提案する"ことと"指示を出す"こととは別であり、チームメンバーが相互に育て合う視点が必要になると考えられる。第二は報酬の算定基準等の財政的な側面からの課題である。例えば医療保険は現物支給なので、いわゆる混合診療は原則認められていないが、他方現金給付たる介護保険は"横出し""上乗せ"という形で混合介護が認められている。しかし実際のところ病院経営は厳しく、介護事業の収益性は悪化するという状況であり、患者本位のチーム医療は採算が取れないしくみとなっている。介護報酬の改定によってもソーシャルワーカーの待遇は大きく向上することはなく、医療・介護の連携をより難しくしている[15]。第三の点については、医師を始めとする医療系の職種が業務独占の資格を有するのに対し、ソーシャルワーカーを始めとする福祉・介護関連の職種は名称独占の資格しか有しない点が、その上下関係を残存させる原因となっている。"人権擁護"の視点からソーシャルワーカーとしての地位が確立されている欧米諸国と異なり、現場での日常生活支援や介護がその業務の中心となる日本のソーシャルワーカーは、どうしても離職率の高い、専門性の低い職種と認識されてしまうからである。

3 多職種連携のしくみ
―盛岡市を事例として

　"人間関係ネットワーク"とも呼ばれるソーシャル・キャピタル（Social Capital）は、少ない費用で効率的かつ効果的に公共政策を形成・実施していく上での、有効な社会資産であると評価されるものである。それは都市部では減退しつつあるものの、農村部ではいまだ健全に機能しており、特に福祉政策のような日常生活に深く密着する政策領域では、有効に活用されるべきものであると考えられている。このような視点から、本調査では、岩手県盛岡市を事例として、特に以下の2つの点について重点的にヒアリング・現地調査を行った。

① 少子高齢化が進む市町村において、地域包括ケアシステムをどのように構築しているのか。医師・看護師・薬剤師・社会福祉士・介護福祉士・栄養士等の多職種、地方自治体・県などの行政、各種福祉団体やNPO集団のどこが中心となりシステムの構築が進んでおり、その実践状況はどうなっているのか。

② ケアシステム構築にあたり、岩手県や盛岡市特有の良い点（例えばソーシャル・キャピタルが高いとされるが、どのように生かされているのか等さまざまな視点から）と課題（年齢構成、政治社会文化環境、財政状況等の視点から）について。

　盛岡市では、盛岡市全域を9つの地域にわけ、それぞれの地域で、地域包括支援センターが中心となり、その地域に適したシステムを構築している。市の中心部は、高齢化率は低いが独居高齢者が多く、農

村部は逆に、高齢化率は高いが家族と同居している割合が高いため、行政に頼る割合が高いのは市の中心地域であることが多い。人材不足については、盛岡市においてはマスコミ等で騒がれているほど深刻ではなく、介護福祉士や社会福祉士の増員についても、現状では市部在住の住民から採用されている。

第二の点であるソーシャル・キャピタルについても、農村部の方が旧来の人間関係ネットワークが残っていることが多いため、人口の半分が高齢者という地域であっても、在宅で暮らせる可能性は十分存在しているとのことである。都市部でも、東京都市部等と違い、昔から盛岡市に住んでいる人々の割合が高いため、ソーシャル・キャピタルは十分に機能している。自治会・町内会等もそれらの人々が中心となり活動している。

入所者100人以上の大規模な老人保健施設Aと、30人くらいの小規模なデイサービス施設を視察した。長らくその地域に居住してきた人々が要介護になり、その地域にある施設に入所するというケースが極めて多く、またそこで働く多職種もその地域在住の方々が多いため、これらの施設が、地域包括ケアシステムの"居宅"に該当する役割を果たしている点が明らかになった。

全体として、盛岡市のようなコミュニティ社会が残っている地域では、包括ケアシステムの構築自体は比較的容易であることが明確化したが、問題は今後も進むであろう超高齢化であり、人口の半分が高齢者になる多くの地域で、どのように人材を確保していくか、という点である。今後も継続的に、包括ケアシステムの実践状況を調べていく必要がある。

4 地域医療構想
―行政との関連

　地域医療構想とは、「地域における医療及び介護の総合的な確保の推進するための関係法律の整備等に関する法律」（平成26年法83）により、2015年4月より都道府県が「地域医療構想」を策定していくことを求めるものである。団塊世代が75歳以上となる2025年に向け各都道府県は、それぞれの地域での病床の機能分化・連携を進めるために、厚生労働省で提示するガイドライン（推計方法等を含む）をもとに、医療機能ごとに2025年の医療需要と病床の必要量を推計し、「地域医療構想」を定める[16]が、これは行政と地域包括ケアシステムとの関連を考えていく上で、重要な取組みの一つである。

　かつての「地域福祉計画」策定を彷彿させる、この「地域医療構想」の策定プロセスは、①地域医療構想の策定を行う体制の整備、②地域医療構想の策定および実現に必要なデータの収集・分析・共有、③構想区域の策定（二次医療圏を原則としつつ、人口規模、患者の受療動向、疾病構造の変化、機関病院までのアクセス時間等の要素を勘案して柔軟に設定）、④構想区域ごとに医療需要の推計、⑤医療需要に対する医療供給体制の検討、⑥医療需要に対する医療供給を踏まえ必要病床数の推計、⑦構想区域の確保、⑧平成37（2025）年のあるべき医療提供体制を実現するための施策を検討、の8段階となっており、構想策定後にこれをどのように実現していくかについては、区域ごとに、医師会、歯科医師会、病院団体、医療保険者等が参加する「地域医療構想調整会議」を開催して議論・調整していくことになっている[17]。この会議において、現在の医療提供体制と将来の病床必要量を比較して、どの機能の病床が不足しているか等を検討し、医療機

関相互の協議により、機能分化・連携について議論・調整が行われるわけだが、その結果をもとに各都道府県は、"地域医療介護総合確保基金"等を活用し、医療機関による自主的な機能分化・連携を推進していくしくみとなっている。各都道府県知事は、①病院の新規開設・増床への対応、②既存医療機関による医療機能の転換への対応、③稼働してない病床の削減の要請、の３つの措置を講ずることができるとされる。地域特性に応じた医療・保健活動の実施を可能にするもととして期待されるが、確保基金の算定・拠出に際して国の誘導が残る等、従来の中央集権的な補助行政に類似した構図が見られ、"地方自治体の自由な行政活動を十分に保障する"という観点からは、その有効性が疑問視されるしくみであるともいえる[18]。

1　これら詳細については、厚生労働省の地域包括ケアシステム概念図（http://www.mhlw. go.jp/stf/seisakunitusite/bunya/hukushi_kaigo/kaigo_koureisya/chiiki-houkatsu/2016年 アクセス）を参照のこと。

2　"生活大国"がどのような国家を指すのか、明確な定義は存在していない。例えば野村はその著書において、「"生活大国"とは、国や自治体の責任において、すべての生活を保障するということを意味している。デンマークでは医療費、福祉（介護、在宅や施設のサービスなど）、教育（義務教育はもちろん、高等学校、大学の授業料など）、国民年金の拠出は基本的に無料（国民の負担はなし）で、充実した社会保障や福祉サービスを享受できるということは"暮らしやすさ"を端的に物語っているといえよう」と述べ（野村武夫『「生活大国」デンマークの福祉政策：ウェルビーイングが育つ条件』ミネルヴァ書房、2010年、21頁より引用）、本書で用いる福祉国家と同様の意味で生活大国という用語を用いている。本書ではそのような狭義の意味ではなく、サービスの提供主体が公的セクターか民間セクターかにこだわらず、自らの国力と政治文化に合った手法により、できる限りの水準の"暮らしやすさ"を実現することのできる国家という、より広い意味で"生活大国"という用語を用いている。

3　経済企画庁総合計画局編『最新　生活大国キーワード　生活大国５か年計画―地域社会との共存をめざして―』財団法人経済調査会、1993年。

4　中島康晴『地域包括ケアから社会変革への道程』批評社、2017年。

5　例えば日本計画行政学会『計画行政』第37巻２号、2014年５月では、「幸福度」についての特集が組まれ、幸福度が政策科学のために測定可能であるのか、可能であればどのような指標を用いるのが適切であるのかについて議論されている。

6　経済社会学会では、第51回大会において「幸福の経済社会学」に関するセッションが設けられ、経済学、社会学の視点から幸福について検討がなされたが、例えば幸福を阻害する要因として"時間貧困"（他人と関わる時間が持てない、あるいは減少することが原因で幸福感が低下する）、"関係貧困"（関係を持つことが出来る人の数が不十分である、あるいは減少すること、またはその関係性が希薄化することにより、幸福感が低下する）等が挙げられている。

7 野田遊『市民満足度の研究』日本評論社、2013年。

8 野田遊、前掲書。本書については鈴木潔氏による書評論文も発表されており（『年報行政研究』49号、2014年、198-201頁）、満足度に関する研究は必ずしも十分に蓄積されてこなかったが、本書は満足度研究における画期的業績と評価できると言及されている。

9 上村信一監修『住民幸福度に基づく都市の実力評価—GDP志向型モデルから市民の等身大ハッピネス（NPH）へ』時事通信社、2012年。

10 日本総合研究所編、東洋経済新報社『全47都道府県幸福度ランキング2016年版』。

11 農村部での医師不足など。

12 例えば経口接種に向けた取組みにおいて連携する多職種は、医師、看護師、言語聴覚士、理学療法士、作業療法士、（管理）栄養士、歯科衛生師、臨床検査技師、薬剤師、社会福祉士等、多岐に渡る。

13 例えば経済社会学会第49回（2014年）大会では、「地域コミュニティにおける新しいネットワークの可能性」として、多くの研究者が地域コミュニティで活躍する諸地域集団のあり方とその連携手法について、活発な議論を交わしている。

14 ソーシャル・キャピタル　Fukuyama,F., *Trust:the social virtues and the creation of prosperity*, New York : London : Free Press ; H・Hamilton,1995.

15 詳細は、川渕孝一「医療からみた地域包括ケアシステム推進の課題」『月刊福祉』2018年4月号、30-35頁を参照のこと。

16 「地域医療構想」の内容は、①2025年の医療寿長と病床の必要量（高度急性期・急性期・回復期・慢性期の④機能ごとに医療需要と必要病床数を推計する、在宅医療などの医療需要を推計する、都道府県の構想区域単位で推計する、等が主な内容）、②目指すべき医療供給体制を実現するための施策（例として、伊能機能の分化・連携を図るための施設整備、在宅医療等の充実、医療従事者の確保・養成等が挙げられる）の2つである。

17 厚生労働省公表の“地域医療構想策定ガイドライン”6頁より抜粋。

18 このような意味で地域保健医療計画は、地域の実態とそこで暮らす人々の実情を把握し、それに基づいて作成されるべきものであり、国に示されたからといって、その目標をそのまま据えるべきではないと考えられる。

第3章

医療と福祉

医療は人の健康を守り、病気を癒すことを目的として発展してきた学問分野であるため、体の構造と機能を理解し、病気の成立構造を明確化することをめざす“自然科学の一分野”とされてきた。科学・技術の進歩と相まって、特に20世紀後半にはめざましい進歩を遂げたが、近年では、主観的にしかアプローチできない“心”をもその対象分野として包括することが求められ、それにより“医療と社会”との関わり方もより密接になってくる。それにより、“公共政策の一環としての医療”という側面がより重要視されることになる。

　医療と社会との関わりは以下の３つの点で、近年大きな変化が見られる。第一に、医学の進歩および社会環境の変化に伴い、抗生物質と予防法の開発でいったんは征服できたかに見えた感染症が新たな脅威となり、高齢者の増加とライフスタイルの変化により、がん、血管病、糖尿病、高血圧などの疾患が増加し、環境汚染やストレス反応による様々な新しい健康問題も生じている。第二に、全世界的に見た場合の人口増加や、先進諸国での高齢化等の社会変化が大きな問題となり、高齢者の医療や介護が重要性を増し、高齢化と医療経済との関係や、“死”のあり方（脳死、尊厳死等）が新しい課題として浮上している。第三に“医師－患者関係”が変化し、インフォームド・コンセントや医の倫理が重要課題となり、チーム医療や包括的なケアが求められることになる。特に第二、第三の変化は、地域包括ケアシステムのあり方を考えていく上で重要な変化と考えられる。

　医療の領域から見て、地域包括ケアシステムの構築が求められる社会的背景には、以下の３点が挙げられる。第一は“超高齢社会の到来と人口構成比の変化”であり、地域社会のあり方そのものが、高齢者を中心としたものとならざるを得ない。第二は、第一の変化に伴い、医療が支える“疾患構造が変化”している点であり、高齢化に伴い生じる虚弱の問題との関連から、弱っても安心して住み慣れた街で住み続けるためには、24時間365日体制で支える専門職チームを構築し、

それら多職種が協働できる確固としたシステムの構築が必須となってくる。第三は"家族の変化と在宅ケアの可能性"であり、家族中心社会から個人中心社会への変化による家族機能の弱体化を社会現象として受け入れ[1]、それを前提としたシステムの構築が求められる。在宅で最期を迎えることを可能にするには、本人の強い意思とそれを可能にする家族および医療福祉の専門家による支援が不可欠となるからである。本章では、医療と福祉の観点から、地域包括ケアシステムの構築に不可欠なチーム連携について検討していきたい。

⟨1⟩ チーム医療

　「保健医療2035」は、"公平・公正（フェアネス）"、"自律に基づく連帯"、"日本と世界の繁栄と共生"、を３つの基本理念として掲げ、医療現場における、①量の拡大から質の改善へ、②インプット中心から患者にとっての価値中心へ、③行政による規制から当事者による規律へ、④キュア（Cure）中心からケア（Care）中心へ、⑤発散から統合へ、の５つのパラダイムシフトを求めるものである[2]。"医療"からみたパラダイムシフトとして、①治し救う医療から、治し支える医療へ、②出来高から包括化へ、③病院から在宅へ、施設から地域へ（在宅医療は安上がりの幻想は捨てる）、④病院完結型医療から地域完結型医療へ、⑤ストラクチャー・プロセス（Structure Process）からアウトカム（Outcome）の時代へ、⑥競合より協調（急性期と回復期・慢性期）、⑦社会福祉法人・医療法人・営利法人の仁義なき戦いを解決する、の７つを、また"社会保障制度"全般から見たパラダイムシフトとしては、①共助・公助から自助・互助へ（セルフケア・セルフマネジメントを重視する）、②医療と介護は連携から統合へ、③発散から統合、量から質、選択と集中の時代へ、④QOL（どのように生きるか）からQOD（どのように死を迎えるか）へ、⑤売り手市場から買い手市場へ（アウトプットからアウトカムへ）、⑥厚生労働省マターから財務省マターへ、⑦公定価格競争から自由価格競争へ（保健サービスから保険外サービスへ）、の７つを求めている。

　それらの社会的背景を前提とし、地域医療の観点から見た地域包括的システムの確立には、３つの段階があると考えられる。第一の"プライマリ・ケア"段階での包括的なケアシステムのあり方として、"同定された地域住民に対する継続的かつ人間中心ケア"が求められる。

ここで言う"プライマリ"とは"初級の・基本の"ではなく"主要な・もっとも重要な"ケアのことであり、この段階では、ケアが最初に必要とされる際の受診のしやすさ、稀または例外的な健康問題のみが他に紹介されるケアの包括性、同時にケアのすべての側面が統合されるケアの協調性、等を保障するシステムが必要となる。第二の"病院医療から在宅医療へ"の段階では、地域の文化も含めた包括的で全人的な医療を供給することが求められ、ニーズを満たせるだけの適切な環境整備が必要となる。具体的なキーパーソンは"かかりつけ医"となるわけだが、かかりつけ医とは"何でも相談できる上、最新の医療情報を熟知して、必要な時には専門医、専門医療機関を紹介でき、身近で頼りになる地域医療、保健、福祉を担う総合的な能力を有する医師"と考えられる。つまり、在宅医療の推進に欠かせない存在である、医療的機能に加えて社会的機能をも担う医師をどのように育てていくかが課題となる。第三の具体的な"地域連携パス作成"段階では、作成対象疾患者の地域ネットワーク作りから始まり、診療報酬の統一、達成目標（アウトカム）の設定、オーバービュー地域連携パスの作成、患者用地域連携パスの作成、バリアンス（目標未達成時）収集システムの構築、地域連携パス改訂の会合開催などがその手順となる。

　また医療という領域に特化して考えてみると、従来医療は治療が中心で、患者の社会復帰をめざすところにその目標が置かれていたが、患者が高齢になればなるほど、医療の限界を受け入れるようになり、医療はその人の寿命を尊重して、その人らしい生活をさせていくことに変わってくる。地域包括ケアシステムがめざすところも、"地域の実情に応じて、高齢者が可能な限り、住み慣れた地域で「その有する能力に応じ」、自立した生活ができるよう、医療・介護・介護予防・住まい及び自立した日常生活の支援が包括的に確保される体制"となる[3]。

2　医療・福祉領域の新たな潮流

　高齢者、難病患者、障害者に対する医療福祉の領域は、もともと差別と偏見の多い分野であった。それは、医療が"治す"ことを目標とするなら、高齢者や障害者はその対象から外れていきかねないからであり、高齢ゆえの衰えにはもはや"治せない"部分が多く、また障害は"根治はできないから長く付き合って飼いならしていく"という宿命を背負う場合が多いためである。ところが今日の超高齢社会において、すべての人々が住み慣れた地域において最期まで幸福な生活を営むことができるシステムの構築をめざすとすると、医療の領域では、"治す"医療ばかりではなく、"機能を維持する、機能低下の速度を遅くする、代替手段を見つけてそれを使いやすくする"医療が求められることになる。そしてその医療は、限られた健康状態でも心健やかに暮らすための福祉的支援と連携するものとなり、高齢者、難病患者、障害者に関しては、"医療"単独ではなく"医療福祉"という統合的な問題意識で、生命倫理的な議論も深めていく必要が生じてくる。高齢者医療の現状を考えると、介護の問題は切り離すことができず、その意味では、日本における高齢化は、医療のあり方の基本を変えたとも言えるのである[4]。

　感染症を主体とした医療から慢性疾患が基本になり、その結果もたらされる病的状態が、高齢になるほど、根治的治療は不可能となる。また脳卒中、骨折、関節疾患、認知症、そして進行してしまったがんなど、根治的治癒ができなくなる。それらは"障害"と呼べる持続的状態となり、要介護状態に陥る。そこに高齢者医療の限界があるわけだが、最善の医療が求められる中で、最善の介護もまた必要となり、高齢者にとって医療と介護は切り離せない問題となる。

超高齢社会における認知症患者の拡大も、医師－患者関係のあり方に新たな課題を提示する。医療における自己決定は、本人に意思能力があれば "自立尊重原則" により保障されており、法的には判例の積み重ねによって "インフォームド・コンセント" の法理として確立しているが（この点については後述）、認知症の進行とともに、意思能力が低下し自己決定ができなくなると、代理判断が行われることになる。そして法的立場からは、本人の医療行為への同意が、侵襲的医療行為の違法性阻却理由となるが、"医療の同意" が法的行為ではなく、"一身専属的法益への侵害に対する承認" であるため、代理できるかどうかについては論争があり、現時点では、家族などによる同意は、本人の同意権の代行にすぎず、第三者に同意権を付与しているものではない、と解釈されている。法的整備が急がれる分野である。

　また、終末期における自己決定のあり方についても議論が多い。現在わが国では、法の下に、積極的尊厳死を認めるべきではないとする立場が主流であり、それは、家族や社会への気遣いから、高齢患者に "死ぬ義務" や "死への無言の重圧" を感じさせてはならないと考えられるためである。しかし、"消極的安楽死"（これがイコール尊厳死であるというのが一般的な考え方である）については、わが国も、国民全体で高齢者の終末期介護において次の7つの条件がそろった場合の身の処し方について、自己決定しておくシステムの検討は急務であるとされており、それは①自力で移動できない、②自力で食物を摂取できない、③糞尿失禁状態である、④目は物を追うが認識できない、⑤「物を握れ」「口を開け」など簡単な指示に応じることもあるが、それ以上の意思疎通はできない、⑥声は出すが意味のある発語はできない、⑦痛みならびに苦痛が激しく、それを抑えるための薬の副作用で、意識を失ったり死を早めたりすることを、本人も家族も了承している、の7つの条件が揃う場合とされる[5]。

　地域包括ケアのプライマリ・ケア段階にあたる医療現場では、"イ

ンフォームド・コンセント”（倫理的合意形成）の重要性が叫ばれて
いるが、これは医療現場において、“医師中心の医療”から“患者中
心の医療”へと医療の重点が移ってきたことの現れである。インフォー
ムド・コンセントとは、“検査、服用、注射、輸血、手術、臓器移植、
予防接種等の医療行為を行う際に、その内容、目的、利益及び不利益
または効果と副作用、およびそれらが起こる確率について患者または
家族に、医師がわかりやすく説明し、質問に答え、患者または家族が
理解した上で同意を得る行為”であり、患者の“自己決定権”を保障
するためのものである[6]。医師の薦める治療法への同意、治療を拒む
権利の保障、複数の治療法からの選択、意思決定共有の４つの側面か
らなり、その行為は、①個人の尊重、②だましと情報非開示の回避、
③守秘義務、④約束、⑤患者の最善の利益、⑥医療資源の公平な配分、
⑦倫理原則の実践、等の倫理原則に則ったものになる。

　多様な価値観と意思決定を尊重するという視点から、かつてパター
ナリズムモデル（医師→患者一方向）で成り立っていた医療現場はイ
ンフォームド・モデル（医師→患者一方向）へと変化し、やがてシェ
アードモデル（医師・患者双方向）を経て、現在では合意形成モデル（多
様な方向）の適用へと変化してきているが、医療現場では、このよう
にインフォームド・コンセントの必要性が叫ばれ、実践に移されては
きているものの、いまだに弱いパターナリズム（父権主義、専門家た
る医師の勧めに素人たる患者が従うという図式）が存在し、弱者（患
者）が強者（医師）に従属するという構図が成り立つ。これを改善し、
相互信頼に基づく医師と患者の関係を構築することが、チーム医療、
ひいては地域包括ケアシステムの健全な育成の視点から重要となると
され、このような視点から、患者は自分の方針について自己決定でき
るように、十分な情報を理解できるように知られるべきであるとさ
れる[7]。患者の“自己決定権”、“自律”を尊重していくと、インフォー
ムド・コンセントは事務的な行為ではなく、いつ、どこで、誰に、ど

のように行うのかも重要になり、またその行為は“説明と同意”ではなく、“説明と選択”とすべきである。またインフォームドは、医師が一方的に説明するのではなく、専門的な知識のない患者や家族が納得いくように説明されなければならない。

求められる医師像の変化

　これらの視点を勘案すると、地域包括ケアシステムにおいて求められる医師像は、かつてのものと随分異なるものとなる。初めに変わらない点としては、医療の領域においては第一に"正確な診断"が必要とされるということであるが、これは検査の信頼度を増し、迅速かつ正しい治療につながるからである。地道な医療が最良の医療といわれる由縁であり、多くのエキスパートが正しい解剖・生理学の知識と基本的な手技を確実に行うことを求められるのは、解剖・生理学に基づいた基本的な手技は何年経っても色あせないからである[8]。ところが近年の地域包括ケア時代においては、医師には、多職種連携に留まらず、一般の人との"協働"が求められてくる。サービス資源を有効に活用し、協働できるしくみを構築することが必要となることから、医師には専門能力に加えて、多様な考え方を受け入れ、対話できるコミュニケーション能力が求められている[9]。

　"全人的・包括医療に基づくチーム医療"が医療現場に現在求められているところであるが、包括医療とチーム医療は車の両輪ともいうべきものであり、ともに地域包括ケアシステムを支える基盤となるものである。ここでいう"包括医療"とは、高齢者医療において医学的診断と治療に留まらず、ADL（日常生活動作）、IADL（手段的日常生活動作）、認知機能、抑うつ評価、社会機能評価などについても評価し、その結果に基づき個別的な、各個人に合った医療を提供することである。その際高齢者は急性期の医療も必要であるが、合併症や後遺症の治療などの慢性期医療も重要であり、リハビリテーションや栄養評価、退院後の介護保険サービスの提供等においてチーム医療を提供する。

これらによりチームの各職種の能力を最大限に利用し、医師としてのみならず、コーディネーターの役割も期待されるのである。チーム医療の下では、患者自身も受け身から参加する立場へと変化し、医師の適性としても、従来の"知識"と"技能"に加えて、コミュニケーション能力やコーディネート力、説明力等を含める"態度"が求められることになる。

　在宅医療の連携イメージの中で、在宅主治医の役割は、多職種との連携を図ることにより、医師1人の診療所で看取りまで行うことができる体制を整えることであり、在宅医療を推進していくということは、"点から面へ"、在宅医療を包含した地域包括ケアシステムの構造が必要となる。人間の能力を引き出すのが名医であり、患者が限られた余命と虚弱の中で、いかに自分らしい生活を送ることを可能にできるかが、在宅主治医に求められる気質となる[10]。このように、専門能力に加えて、コミュニケーション能力やリーダーシップ等、医師に求められる資質が増加していくわけだが[11]、地域包括ケアシステムにおいて変化が求められるのは医師のみではない。先述のとおり、行政職員、地域集団、社会福祉士・介護福祉士等の専門職もまた、そこに求められる資質や役割が大きく変わっていく[12]。

　このような意味で、地域包括ケアシステムは、各地域の実態とそこで暮らす人々の実情をきちんと把握し、幸福感を高めるために作成されるべきであり、国に示されたからと言って、その目標をそのまま据えて作成されるべきものではない。そのシステム確立のプロセス自体に、多職種連携が必要となってくるのである。

1 『社会保障研究』第2巻1号（2017年）では、「小さな世帯の増加と社会保障」が特集テーマとして掲げられ、核家族の個人化と社会保障について多方面からの検討がなされている。総じて言えば、再生産の単位であったはずの家族が変化して「小さな世帯」が増え、またその多様化が進んでいると言える。以下の視点からの研究が主要なものとして挙げられる。
　・親の配偶関係別にみたひとり親世帯の子どもの貧困率—帯構成の変化と社会保障の効果
　・単身高齢者の精神的健康—ジェンダーの視点による検討
　・母子世帯と子供への虐待—抑うつの分析も含め—
　・単身男性介護者に惹起する生活問題とその支援策に関する一考察
　　—「男性介護者に対する支援のあり方に関する調査研究」の結果を中心にして—
　・家族社会学における「小さな世帯」
　・子どものいる世帯の貧困の持続性の検証

2 「保健医療2035」の詳細については、http://www.mhlw.go.jp/seisakunitsuite/bunya/hokabunya/shakaihoshou/hokeniryou2035を参照のこと。

3 『医療と社会』前掲書、285頁・323頁。

4 医学領域における"幸福感"についても、豊かさと幸福、現代医学は不幸をどれだけ克服したか、医学・医療から見たQOL、臨床研究における健康関連QOLの測定と応用、患者の病気観、等、様々な論点が指摘されている。

5 詳細については、「人生の最終段階における医療の決定プロセスに関するガイドライン」（www.mhlw.go.jp/stf/houdou/0000197665.html）等を参照のこと。

6 自己決定の例外として、①公衆衛生上の緊急事態、②救急救命の場、③判断能力ない患者の場合、④（合理的判断ができなくなったが）治療により意思がある場合、⑤患者が自己決定を放棄する場合、⑥自己決定により自分または他人への被害が生じる場合、⑦文化的に自己決定という概念がない場合、等が挙げられる。

7 患者の権利、インフォームド・コンセントについては、日本看護協会（インフォームドコンセントと倫理：www.nurse.or.jp/nursing/practice/rinri/text/basic/problem/informed.html）等を参照のこと。

8 根拠に基づく医療（経験ではなく科学に裏付けられた医療）もまた重要視されている。有効性があいまいなまま経験的に行われていた医療に変わり、科学的な根拠に基づいた有効性のある医療が求められているが、それは、医療機関や医師の間で医療のばらつきが少なく、より均一的で合理的な医療が行われるからである。また終末期医療においては、ホスピス・緩和ケアが求められるが、その場合には、チーム医療は更に多くの職種を巻き込むことになる。ホスピス（末期がん患者に対する総合的なケアの考え方）の基本は患者を全人的にケアすることであり、終末期医療においては、生の残りを有意義にかつ豊かに生き抜くための援助を行うことが、医療行為そのものの目的となる。そのためには、医師・看護師・ソーシャルワーカー等の他に、宗教家など更に多くの職種のチーム参加が必要となり、痛みのコントロールに加えて、以後の"人生の総決算"への参加も求められることになる。

9 『医療と社会』第26巻3号、2016年、244−257頁。

10 "医療事故"（医療行為に関連して予想に反した悪しき結果が発生すること）と"医療過誤"（医療事故のうち医療機関側に責任（故意または過失）がある場合）とを区別し、地域包括ケアシステムの中で、医療事故（医療水準が問題とならない場合）のみならず、医療過誤（医療水準が問題となる場面）を防ぐ体制を構築していくことが求められている。これは福祉領域での在宅、施設サービス提供の際の事故（過誤）とも関連するものである。医療過誤防止の基本的考え方としては、①医療水準に反した医療を行わない（医療水準の維持）、②患者の自己決定権を侵害しない（説明義務をつくす）の2点が基本であり、その医療過誤防止策としてのインフォームド・コンセント、証拠としての診療記録の重要性が強調される。他方、医療事故の防止策と医療機関の責任との観点から見ると、医療事故の防止は、①転倒・転落などのスリップ事故については、あらかじめスリップ事故を予想し、そのための予防策（回避）をとること、②医師や看護師など医療従事者の思い込み（ミステイク）が原因となって発生するミステ

イク事故については、"思い込み"排除するために、思い込みを招く条件の除去し、思い込みの発生を防止する表示の徹底する、指示の正確性を保持し、確認作業の徹底を図ること、等がポイントとなる。医療事故はいかに予防に努力しても、これを完全に防ぐことは不可能であり、医療事故が不幸にして発生してしまった場合には、医療機関の責任のボーダーラインはどこになるのか、また医療機関として事前に何をしておけば責任を免れるのかを典型的なケースごとに検討しておくことが重要になる。同時に、医療事故を防止する組織のあり方として、事故対策委員会の設置も必須である。また、医療過誤・医療事故発生時には、基本的に患者側の交渉の問題（無用な裁判を避け、患者側の理解を得ること）と、外部への公表（隠すべきではない）の問題とを区別して対応することが求められる。これらは、チーム医療、多職種連携の包括ケア提供の際にも適用されるべきものである。

11 医学部の科目の中でも、"科学コミュニケーション論"等が増え始めているが、これは隣接領域は科学教育とされ、市民参加と科学コミュケーション等がその内容となっている。

12 また本章では直接ふれていないが、チーム医療や包括的地域ケアシステムの確立には、財政的な側面からの構造改革も必須である。例えば、世界的には最も優れているわが国の医療・介護保険制度の崩壊を回避するためには、医師及び医療従事者の自主性の喪失を招き、国民の権利である医療選択の自由を剥奪し、医療の質を低下させる社会主義的な規制をこれ以上強化すべきではないと言える。医療・介護費給付の増大と補助が必要である点も明確である。医療・介護の現場に即して言えば、医師生涯教育の義務化が必要であると考えられ（例えば米国では医師の開業権は2年ごとに更新）、国民皆保険制度の維持が必要であり、また在宅介護では、家族介護を望む人が多い日本では、ホームヘルパー派遣費用を増やしていく米国型ではなく、現金給付のドイツ型を見習うべきであると考えられる。詳細については、マックペイク他著、大日康史他訳『国際的視点から学ぶ医療経済学入門』東京大学出版会、2004年（医療経済学を包括的にとらえ、保健医療セクターにおける経済学者の役割、健康と保健医療サービスの需要、需要・弾力性・健康、生産・健康・保健医療サービス：投入要素の効率的な使用、保健医療サービス供給の費用、病院などの保健医療供給者の行動と動機について扱っている。また保健医療システムの分析のための枠組みについても提示し、世界の保健医療システムについては、多様性と成果、国家への依存：公営システム、民間保険システム、社会保険システム、複合システム、保健医療セクター改革の動向、について言及している。）、大内講一『やさしい医療経済学第2版』勁草書房、2008年（医療サービスの量的拡大の必要性を指摘し、高度経済成長下で医療分野への予算の大盤振る舞いが可能であったことから医療経済学はわが国では未発達であったが、医療の分野においても資源配分の重要性が認識され、医療経済学が注目されるようになった点を明確化、また医療の経済効果、医療サービスの需要と供給、医薬品の製造・流通、医療サービスの料金、医療費の審査支払制度、医療制度改革についても言及）等を参照のこと。

第4章

社会福祉の諸相

社会政策（Social Policy）とは、労働政策と社会保障政策をあわせ
たものであり、福祉国家形成の過程で生まれたものである。国家が
"国民の最低限の生活保障"や"貧富の差の是正"などを行い、現代
のような多様な行政サービスを提供するようになった背景には、第一
次世界大戦・第二次世界大戦を始めとする世界各地の戦争や、世界大
恐慌を始めとする世界同時発生的な経済危機があり、これらを通じて
人々は、それまでの自由主義国家のしくみだけでは人々の生命や財産
を守ることができないことを痛感し、国家により多くの公共サービス
を要求するようになった。このようにして誕生した、現代のような多
様な行政サービスを提供する国家は後に"福祉国家"と呼ばれるが、
国民が負担する税金の額も、公共サービスの形成・実施のために雇用
される公務員の数も、自由主義国家とは比較にならないほど多大なも
のである。わが国では社会政策は経済学・労働政策との関連が深かっ
たが、やがて社会保障・福祉政策と結びついていく。わが国の福祉社
会の特徴を明確化する諸要素は、日本の社会政策発展の歴史と深く関
連している。

　日本的経営の特徴であった"終身雇用"、"年功主義"、"企業別労働
組合"の三種の神器が変化している現代、新たな社会政策が求められ
てくる。本章では、"雇用関係システム"と"社会保障システム"と
を含む政策領域である"社会政策"に焦点を当て、わが国における発
展の歴史や特徴を、市民や地域との関係から明らかにし、その上で、
地域包括システムや住民の幸福感と関連の深い福祉領域の政策・研究
の最近の動向を考察していく。

1 社会政策発展の歴史

　社会政策（Social Policy）は、「雇用関係システム」と「社会保障システム」（一般福祉（保健衛生・学校教育など）、社会保険（公的年金・健康保険・労働保険）、公的扶助・社会福祉（障害者福祉等）、生活保護等を主な内容とする）とを含む政策領域である。前者は、労働政策と深く関連し、労働関係と労働市場ルール、日本的雇用システム、多様な雇用形態、賃金決定、労働時間、雇用政策等を主要な論点とする。また後者は、社会保障政策と結びつき、社会保障の種類、公的年金、医療保障、障害・介護、最低生活保障、少子化対策とワーク・ライフ・バランス等、多様な視点を内包する。資本主義の発展、雇用・家族形態の変化、福祉国家の変容など、歴史的な側面とも密接に関わり、時代とともに変化していく政策領域であるといえる。わが国では、暮らしと社会政策（生活問題の構造、高齢者の生活と公的年金制度の課題、医療保障制度、介護保険制度、現代の貧困と公的扶助制度）、仕事と社会政策（雇用環境の変化と労働時間問題、雇用・労働市場の流動化と非正規労働問題、女性雇用の拡大と雇用平等政策、ポスト成長期型労使関係の展開と労働組合）、新たな社会政策の領域（雇用社会の変化と多様な働き方、家族の変容と子育て支援、分権化時代の地域福祉政策）等に大別して理解される。

　日本における社会政策発展の歴史については、戦後いくつかの時期に分類することが可能であり、政策内容は、4つの全国総合開発計画や地域福祉計画、中央集権から地方分権への政策過程改革の変遷とともに、その様相を変化させてきた。わが国行政の歴史の中で、戦前から優先的に取組みがなされてきた公共政策は、鉄道、河川、道路と

いった分野である。公共政策にも多種多様なものがあり、それらすべてを同時に整備することは不可能であることから、その時代ごとに政府が優先順位をつけ、政策形成・実施を行ってきたことになる。河川、鉄道、道路などの整備が、比較的早い時期から着手されてきたことは、現在世界に誇る社会資本を有しているわが国の原型を形作るものと考えられる。その後、第二次世界大戦における敗戦を受け、戦後復興期には、農業政策と教育政策が最優先課題となった。食料確保のための農林漁業基盤の整備と、民主的な教育を実施するための小中学校の建設が、緊急課題として取り組まれることとなった。そして1960年代から高度経済成長期に入るにつれ、全国総合開発計画のもとに、大規模な国土開発が行われることになるのである。

わが国で最初に作られた国土計画は、1962年に閣議決定され、池田内閣、佐藤内閣のもとで進められた「全国総合開発計画」である。この時期にわが国は戦後復興期から高度経済成長期へと移行するわけだが、同時に過大都市問題や地域間の所得格差の拡大等の地域的課題が顕在化されてくることになる。そこでこの計画の基本的目標として、都市の過大化の防止と地域格差の縮小という、地域間の均衡ある発展が掲げられることになる。この目標を達成するために政府は、工業の分散を図ることが必要であると考え、"拠点開発方式"を採用する。これは、東京などの既成都市との関連を考えながら全国に開発拠点を配置し、交通通信施設によりこれを有機的に連絡させ相互に影響させると同時に、周辺地域の特性を活かしながら連鎖反応的に開発を進め、地域間の均衡ある発展を実現するものである。具体的には、過密地域においては工場等の新増設を抑制し、都市機能配置の再編成を図り、整備地域においては、計画的に工場分散を誘導しながら中規模地域開発都市を建設していく。そして開発地域においては積極的に開発を促進するという手法を用いるものであるが、予想以上の高度経済成長と、それに伴う生活環境問題の発生により、計画期間半ばにして、

見直しを迫られることになる。

　1969年に佐藤内閣が策定した「新全国総合開発計画」（新全総）は、20年間の長期的視野に立つものであり、田中内閣のもとで積極的に進められた"大規模プロジェクト構想"である。これは、高度経済成長に伴い人口や産業が大都市に集中し、地域の所得格差が拡大してきたことから、産業開発等の大規模プロジェクトの推進と、新幹線や高速道路等によるネットワークの整備により、国土利用の偏在を是正し、過疎過密や地域格差の解消を試みるものである。この時代に、現在につながる日本のインフラ整備が進められ、所得倍増計画のもとに、わが国はGDP第2位の経済大国となるわけだが、予想以上の経済成長は生活環境問題の悪化を招き、1973年のオイルショックと物価狂乱を経て、再び計画の見直しを迫られることになる。

　1977年に福田内閣が策定し、その後太平内閣により進められた「第3次全国総合開発計画」は、新全総よりはるかに小さな計画であったが、"定住構想"の名のもとに、人間の居住環境の総合的な整備を目指すものである。高度経済成長期から安定成長期へと移行したことを背景とし、限られた国土資源を前提とした、地域特性、歴史的文化、伝統文化を尊重した居住環境の整備を進めるため、教育、文化、医療等の機会の均衡化を図ることが目標とされた。わが国の社会政策の必要性が明確化し、労働政策・社会保障政策の両側面から発展し始めたのがこの時期である。東京一極集中は緩和されず、また産業の不振に対処する戦略を欠いていたことから、より強力な計画が必要とされることとなったことから、第3次計画は国土計画としてはインパクトの薄いものとなったが、日本の社会政策のスタートラインとしては、重要な位置を占めるものである。

　「第4次全国総合開発計画」は1987年に中曽根内閣が策定し、後に竹下内閣に引き継がれていくものだが、東京圏への高次機能の一極集中と人口の最集中、地方圏での雇用問題の深刻化、高齢化・国際化・

図表4－1　4つの全国総合開発計画

項目	全国総合開発計画	新全国総合開発計画
1. 策定時期	1962年10月5日　閣議決定	1969年5月30日　閣議決定
2. 主な内閣	池田内閣（策定），佐藤内閣	佐藤内閣（策定），田中内閣
3. 計画期間及び 目標年次	1960年～70年 1970年	1965年～85年 1985年
4. 背景	①戦後復興から高度成長へ ②地域的課題の顕在化 　(1)過大都市問題 　(2)地域間の所得格差の拡大 ③所得倍増計画の策定 　太平洋ベルト地帯構想	①高度経済成長 ②人口・産業の大都市集中 ③地域の所得格差 ④資源の有効利用の促進
5. 基本的目標	〈地域間の均衡ある発展〉 ①都市の過大化の防止と地域格差の縮小 ②自然資源の有効利用 ③資本，労働，技術等の諸資源の適切な地域配分	〈豊かな環境の創造〉 ①長期にわたる人間と自然の調和，自然の恒久的保護・保存 ②開発の基礎条件整備による開発可能性の全国土への拡大・均衡 ③地域特性を活かした開発整備による国土利用の再編効率化 ④安全，快適，文化的環境条件の整備保全
6. 開発方式	〈拠点開発方式〉 目標達成のため工業の分散を図ることが必要であり，東京等の既成大集積と関連させつつ，開発拠点を配置し，交通通信施設によりこれを有機的に連絡させ相互に影響させると同時に，周辺地域の特性を活かしながら連鎖反応的に開発を進め，地域間の均衡ある発展を実現する	〈大規模プロジェクト構想〉 産業開発等の大規模プロジェクトの推進と新幹線，高速道路などによるネットワークの整備によって，国土利用の偏在を是正し，過密過疎や地域格差を解消する
7. 重要課題	①過密地域においては，工場等の新増設の抑制，転移，都市機能配置の再編成を図る ②整備地域においては，計画的に工場分散を誘導し，また中規模地域開発都市を設定する ③開発地域においては，積極的に開発を促進する	①交通・通信ネットワークを先行的に整備する ②ネットワークに関連させながら大規模プロジェクトを実施する ③広域生活圏を設定し生活環境の国民的標準を確保する
8. フレーム 　1）人口規模		1億2,000万人～1億2,300万人
2）経済成長率	7.2%	7.4%～8.3%
3）固定資本形成等	行政投資　GNPの7.9%	総固定資本形成（1965年価格） 約450～550兆円 　（うち政府130～170兆円）
9. 備考 　1）経済計画	国民所得倍増計画（1961～70年度） 中期経済計画（1964～68年度） 経済社会発展計画（1967～71年度）	新経済社会発展計画（1970～1975年度） 経済社会基本計画（1973～77年度）
2）キーワード	大西洋ベルト地帯，新産業都市計画，所得倍増計画	日本列島改造論，ネットワーク，大規模プロジェクト，革新自治体
3）主な施策	新産業都市建設促進法（1962年） 工業整備特別地域整備促進法（1962年）	高速自動車国道・新幹線の整備 苫小牧東部地区・むつ小川原地区の開発
4）誤　算	予想以上の高度成長，生活環境問題の発生	予想以上の経済成長と生活環境問題，オイルショックと低成長，狂乱物価

第3次全国総合開発計画	第4次全国総合開発計画
977年11月4日　閣議決定	1987年6月30日　閣議決定
福田内閣（策定），大平内閣	中曽根内閣（策定），竹下内閣
おおむね10ヵ年 目標年次；1985年（1990年） 　（基準年次は1980年で90年を展望して）	1987年〜2000年 おおむね2000年
①高度成長から安定成長へ ②人口の地方定着化，産業の地方分散 ③地域の総合的格差 ④資産制約の顕在化 ⑤国民意識の変化	①安定成長 ②東京圏への高次機能の一極集中と人口 　の再集中 ③地方圏での雇用問題の深刻化 ④高齢化，国際化，技術革新，情報化の 　進展
〈人間居住の総合的環境の整備〉 ①限られた国土資源を前提とする ②地域特性，歴史的伝統文化を尊重する ③人間と自然の調和をめざす	〈多極分散型国土の形成〉 ①定住と交流による地域の活性化 ②国際化の推進と世界都市機能の再編成 ③安全で質の高い国土環境の整備
〈定住構想〉 ①歴史的，伝統的文化に根ざし，自然環 　境，生活環境，生産環境の調和のとれ 　た人間居住の総合的環境を形成する ②大都市への人口・産業の集中を抑制 　し，地方を振興し，過疎過密に対処し 　ながら新しい生活圏を確立する	〈交流ネットワーク構想〉 地域主導による地域づくりを推進するこ とを基本とし，そのための基盤となる交 通，情報，通信体系の整備と交流の機会 づくりの拡大をめざして，交流の活発 化，地域相互の分担と連携の深化を図 り，多極分散型国土を実現する
①自然環境，歴史的環境の保全を図る ②国土と国民生活の安全性を確保する ③居住の総合的環境（自然，生活，生 　産）を整備する ④教育，文化，医療等の機会の均衡化を 　図る	①森林管理など安全でうるおいのある国 　土を形成する ②活力に満ちあふれた快適な地域づくり 　を推進する ③新しい豊かさを実現するために，産業 　の展開，生活基盤の整備を図る ④定住と交流のために交通，情報・通信 　体系の整備を図る
1億2,400万人（1990年1億2,800万人）	1億3,100万人
6％程度（1985年以降は6％以下）	中成長
政府固定資本形成（1975年価格） 　1976〜85年　約210兆円 　1976〜90年　約370兆円	国土基盤投資（1985年価格） 　1986〜2000年　約1,000兆円 　（政府，民間合わせて）
昭和50年代前期経済計画(1976〜80年度) 新経済社会7ヵ年計画(1979〜85年度) 1980年代経済社会の展望と指針(1983〜90年度)	経済運営5ヵ年計画（1988〜92年度）
田園都市国家構想，地方の時代，定住圏 成長の限界	東京1極集中，世界都市東京，民活，国 際化，情報化，高齢化，ふるさと創生
「モデル定住圏」（44ヵ所）の整備	リゾート法（1987年），多極分散型国土 形成促進法（1988年），地方拠点都市整 備法（1992年）
東京1極集中，産業の不振（戦略なし）	東京1極集中の加速，バブル景気（とく に地価・株価の乱高下）とその後の不況

出典：西尾勝・村松岐夫編『講座行政学―政策と行政』有斐閣、1994年、290-291頁

技術革新・情報化など現在につながる時代変化が顕在化してきたことを背景に、多極分散型国土形成を目指したものである。これは後に"交流ネットワーク構想"と呼ばれ、地域主導による地域づくりを推進することを基本とし、そのたの基盤となる交通、情報、通信体系の整備と交流の機会づくりの拡大をめざして、交流の活発化、地域相互の分担と連携の進化を図り、多極分散型国土を実現しようとするものであった。しかし、東京一極集中の加速とバブル景気、そしてその後の不況により、十分な効果を見ないまま終わりを迎えることになる。

　このような中央主導の大規模プロジェクトによる多極分散型国土の形成が限界を迎えたことにより、わが国は地方分権の時代へと移行することになる。つまり、中央が持つ多大な権限・財源を地方自治体に移譲し、地方自らが試行錯誤により、住民主導の個性ある街づくりを行うことが求められてくる。わが国の福祉政策が60年代からようやく国の施策として取り上げられ、70年代以降に本格的な取組みが始まったことからも分かるとおり、日本は中央主導型の大規模プロジェクトと経済発展に長くその税金を投資してきたことになる。つまり、福祉や社会保障に取り組んできた歴史が非常に浅いまま、世界に類を見ない急速な少子高齢化の進行に対処しなければならないという、難しい課題に直面しているのである。地方分権時代は更に地域主権の時代へと変化し、地域福祉計画の策定や、地域包括ケアシステムの構築へと進んでいくわけだが、これら計画やシステムの構築プロセスを検討してみると、未だに中央主導という大きな枠組みの中での地域主権ということが言えるだろう。

　このようなプロセスが悪いというわけではなく、限られた枠組みの中でも成功している事例は多々見られることから、中央政府による進歩的なシステムづくりと、それぞれの地域における積極的な施行錯誤の取組みが求められているのである。

社会政策としての地域福祉
―生活困窮と自立支援を中心に

　多くの地域で策定が進められている「地域福祉計画」のそもそもの目的は“福祉サービスの総合化”と“住民の自治能力の形成”にあったが、見方を変えると、これは地方自治体の社会福祉行政の改革と、住民・市民の社会福祉への参加・参画の行動であるといえる。地域福祉計画は、住民参加を求め、協働する職員を生み出さなければならず、また保健医療ソーシャルワークにおける専門職連携のあり方としても、医療職中心の閉鎖的メンバーシップによるミクロに集約する協働チームから、開放性の高い異職種・異機関どうしでの地域にメゾレベルに生活支援ネットワークを展開するよう、新たな手法が求められてくる[1]。ところが、開放的なシステム、より多くのアクターの連携と協働を必要とするシステムの必要性は明確であるが、なかなかその実効性が伴わないのが現状である。

　誰しも年をとれば若い時に比べ病気になる可能性は高まり、ましてや子供のいない世帯や単身高齢者世帯では、医療機関に頼らないまでも、家族以外のだれかに身の回りの世話をしてもらう必要性は高まる。その一方で労働力人口が減り、ケア従事者の確保は困難である。福祉・介護領域における離職率は未だに高く、その理由は男性では収入が低いこと、女性では時間的・肉体的負担が大きいことを挙げる人が多い。このような理由から人口減少社会における看護・介護のケア従事者確保のためには、外国人労働者が必要であるとされ、多職種連携には国境を越えた取組みが必須な時代であるにもかかわらず、インドネシア、フィリピンから候補生が来日してはいるが、資格の相互認証ではなく、日本語による国家試験の合格者のみが日本で働き続けら

れるという制度のもとで運用されている。候補生にとってこのハード
ルは極めて高く、また合格しても、施設側の外国人労働者受け入れ費
用が高いことから、候補生受け入れには限界があり、連携以前の問題
として、その受け入れ自体が難しい場合が多い。

　地域における福祉教育という側面を考えてみても、今日の学校教育
を管理的かつ画一的な国家教育の装置であると捉えた場合、地域が学
校化する恐れがあると指摘される[2]。地域の多様な人たちによって、
その地域でどんな子どもに育ってほしいのか、児童観、人間観、社会
観について語り合い、合意形成をしていくことは、住民自治を創って
いく上でとても大事な過程であり、まさにそのプロセスこそ福祉教育
であるという視点から、福祉教育について考えていく必要がある。同
時に福祉サービスの利用に対するネガティブな感情も、政策展開を阻
害する要因となる。例えば、北欧諸国は子どもの利益を最優先し、子
ども自身の主体性を尊重する、児童福祉が高度に整備された国々であ
ると評価されてきた。これは家族が公的な存在となり、家庭生活に国
家が介入することはポジティブに受け止められ、社会的に許容されて
いる[3]。フランスの保育と子育て支援についても、小規模化、多様化
した家族の中での子育てを親や保育者だけにゆだねず、社会的支援の
輪の中で次世代を育成していくという共通認識のもと、優先的な公共
政策として大規模な財政を伴って展開されている。その家族政策は質
量ともに高い水準のものであり、2008年の合計特殊出生率は2を超え
ており、国際的にも注目されている。多様な保育サービスに加えて、
6歳未満の保育・教育費用の家族手当制度による支援が展開されてい
るが[4]、これらの背景には、ポジティブな福祉観が存在している。先
に、米国では人権擁護の視点から、ソーシャル・ワーカーの高い地位
が確立されている点にふれたが、この点もあわせて勘案すると、わが
国のネガティブな福祉観を払拭していく教育を社会全体で展開してい
くことが、第一に重要な点であると考えられる。

地域福祉を実践していくためには、地方自治、公務員・官僚、人権、財政といった多方面からの法制度の整備と、それぞれに携わる諸アクターの意識改革が重要となる。スウェーデンの生活者社会[5]や、人が主役のまちづくりのボランティア大国であるドイツの事例[6]、サンフランシスコにおける活発なNPO活動[7]等は、大いに参考となるが、わが国に関しては牧里・川島らが伝統的なコミュニティワークを見直し、新たに加えるべき視点について言及[8]しており、『地域福祉研究』第46号（2018年）において、①地域包括ケアシステム構築に対する地域の基幹病院の役割、②制度の狭間の人への支援を考える政策、③特別養護老人ホームの公益的取組みにおける「協働」の媒介構造＝自治会との生活支援サービス構築のアクションリサーチ、④東京都区社協における全職員参加型地区担当制の試み、等の先進事例が紹介されている。

　わが国の地域福祉を考える上で、生活困窮と自立支援の問題は避けては通れないものである。現代の生活困窮問題の根底には、"経済的困窮"と"社会的孤立"の複合があり、それは、経済的困窮の拡大が社会的孤立（相談相手がいない、近所づきあいがない）を促進し、悪

図表４－２　公的扶助制度の比較

		先進国の公的扶助	日本の生活保護
共通点	社会保障の位置	最後のセーフティネット	
	財源	租税	
	要件	資産調査付	
	方式	カテゴリー別扶助	一般扶助
相違点	扶助の対象	制限的扶助	包括的扶助
	保障の対象	最低限の生活保障	生活の最低限保障
	資産調査の対象	簡素化、緩和化	厳格化

出典：杉村宏編著『格差・貧困と生活保護―最後のセーフティネットの再生に向けて』明石書店、2007年、82頁

循環を生み出すというものである。生活保護を受ければすべてのニーズを充足できるという面では有効だが、資産調査は厳しくかつスティグマ（烙印）を生み出すという問題もあり、また生活困窮の世代間連鎖も深刻である[9]。

　断らない支援をめざし2015年にスタートした「生活困窮者自立支援制度」は、施行４年を経過し、見直しの時期に来ている。改正法案の概要は、第一に"基本理念・定義の明確化"（生活困窮者の尊厳の保持、生活困窮者の状況に応じた包括的・早期的な支援、地域における関係機関・民間団体との緊密な連携支援体制の整備等）、第二に"自立相談支援事業等の利用勧奨の努力義務と「支援会議」の設置"、第三に"自立相談支援事業・就労準備支援事業、家計改善支援事業の一体的実施の促進"、第四に"都道府県による市等への支援事業の創設"ならびに"福祉事務所を設置していない町村による相談の実施"、第五に"子ども学習支援事業の強化（子ども学習・生活支援事業）"[12]となっている。生活困窮者支援から広がる街づくりとしての三重県鳥羽市の"とばびと活躍プロジェクト"や、自立相談支援事業と就労準備支援事業および家計相談支援事業の一体的な取組み、救護施設運営法人における生活困窮者自立支援制度への取組みとしての"社会福祉法人みなと寮"（大阪府）および"全国救護施設協議会"の連携、社会福祉法人連絡会との協働による"生活困窮者自立支援事業"、生活困窮者の就労支援における"中心会"の取組み等、生活困窮者の自立・尊厳の確保と地域づくりに関する積極的な活動が各地で展開されている[11]。

　"最後のセーフティネット"である生活保護制度も、高齢者が活用する"最期のセイフティネット"という側面が強くなり、地域包括ケアシステムを支えるものとなりつつあることから、このような活動が全国的に拡大していくことが求められてくる。

③ 福祉レジーム論再考

　わが国はユニークな福祉社会である。例えば他の福祉国家と比較した場合、日本の今日までの福祉システムは、年金と医療政策においては他国と収斂しており、雇用政策においては分岐している[12]。日本の雇用プログラムが他の国々から見て独自路線を維持できた理由が、他に見られないほど長期にわたった高度経済成長であることから、福祉レジーム理論は、日本の福祉プログラムの発展や特徴を理解する上で、必ずしも有効であるとは言えない。安定的な経済成長と終身雇用制度を前提とし、また家族・地域での福祉実践が長らく続いてきたわが国の福祉社会は、近年大きく変化しており、それに対応した政策転換が求められるところであるが、現在の日本の社会保障制度を理解する上では、既存の福祉レジーム理論には存在しない、わが国特有のアクターや政治文化を勘案する必要がある。例えば、公的セクター（行政）でも私的セクター（民間企業）でもない"中間的な諸アクター"による福祉政策の形成・実施は、量的にも質的にも福祉国家の比較において数値化することが難しいため、軽視されがちであるが、国により異なるこれら中間的諸アクターの活動は、人々の幸福感や福祉の実質的な側面に大きく影響を及ぼすものである。

　キリスト教徒による日常的な慈善活動が活発な米国は、福祉レジーム理論の中では残余的な福祉サービスしか提供していない国と分類されるが、日常生活において弱者が何らかの恩恵を受ける割合は、わが国よりも多いかもしれない。また、企業による福祉の補填や高い権利意識に支えられた多くの女性達の活動により、女性の社会進出や出生率の向上という側面では、米国は他の福祉先進国家と同様に高い成果

を上げており、行政主導の福祉政策を必ずしも必要としない国も存在することを示している。エスピン・アンデルセンの福祉レジームの3類型以降、家族や地域社会の福祉代替機能については、その重要性が指摘され、それを含めた第4レジームが提示されるなどモデルの修正がなされている理由もここにある[13]。

　わが国では、先述のとおり、高いソーシャル・キャピタルに支えられた地域集団の活動による福祉の補塡が顕著であり、またそれが必要不可欠であるが、特に自治会・町内会等の自動加入型地域集団はわが国特有のものであり、募金活動に支えられた社会福祉協議会等も、ユニークな福祉中間団体として考慮されるべきものである。生活大国の実現、地域コミュニティにおける幸福な生活の実現を考えていく上で、わが国がどのような福祉国家をめざしていくべきなのかを模索していくことは必須であるが、既存の福祉レジーム理論では理解できない、これら日本特有の中間的アクターの活動を明示化し、理解し、政策の質的・量的側面に勘案していくことが求められてくるのである。

　4つのレジーム論の中にわが国を位置づけるとすると、明らかに家族・地域福祉を前提とする第4類型に属すると考えられる。但し、安定的な経済成長の下で企業が提供してきた福祉サービスも多く、その点は第4レジームの中でもわが国は例外的である。また、その政策形成・実施手法は社会主義国に類似した中央主導型のものであり、国－地方自治体－諸中間アクター（社会福祉協議会や地域集団）や民団企業―個人（家族）に至るまで、明確な上下関係のもとに運用されてきたことも、第4レジームに属する他国には見られない特徴である。

　医療・福祉領域における計画化は、わが国では数多く見られる手法であるが、国の提示するモデルのもとに各都道府県あるいは市町村が独自の計画を策定し、補助事業などの財政的誘導にのって政策を展開していく政策過程は、わが国特有のものである。地方分権、地域主

権、地域における包括ケア実践が叫ばれる医療・福祉領域においても、未だにこの手法は続いており、官僚主導の行政システムの中でも、今後も大きく変わる見通しはない。政党の一党独裁は見られないが、政権交代は殆ど起こらず、政権党の政策に対する国民の意見表出も乏しいわが国は、極めて社会主義国に近い行政が展開されているのではないかとも考えられる。社会主義に類似した手法が必ずしも悪いとは言えないが、多くの社会主義国がうまく機能していない現状や、社会主義国から資本主義国へと転換した中国の経済的な成功等を勘案すると、生活大国や地域福祉の確立のためには、改善していくべきものである。

　その一方で安定的な雇用が期待できず、企業が提供できる福利厚生等の諸福祉サービスが減少している点を勘案すると、歯止めがかからない少子高齢化、人口減少、借金の増加等、明るい福祉国家像は期待できないのが現状である。かつて日本は世界に先駆け高齢者福祉政策の先鞭をつけ、革新自治体がモデル的ともいえる福祉政策を展開してきたにも関わらず、55年体制崩壊前後から、政策構想力も財政能力も失い、いまや先進国中の高齢者福祉 "後進国" ともいえるサービス提供状況である[14]。日本の高齢者福祉政策の隘路は、どこにその打開の道を見出すことができるのかについては議論が絶えないが[15]、日本の社会保障制度を、客観的に、実際のデータに基づき、現状を数量的に再確認し、真の問題を抽出することも同時に求められている[16]。

　エスピン・アンデルセンのモデルが修正されて以降、更なる福祉レジーム論の発展と新たな枠組み構築に向けて、国内外で活発な研究がなされている。例えばわが国が第4類型に属すると判断される根拠として恩田は、ベトナムの互助制度を取り上げ、東南アジア諸国に見られる共通の互助制度は、形は異なるものの、わが国においても顕著に機能しており、連帯と共生による社会の発展は、両者に共通して期待

できるものである[17]としている。

図表4－3　互助制度

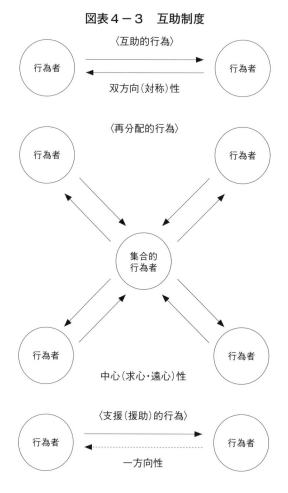

わが国と同じ第4類型に属すると考えられるラテンアメリカ諸国に
関する研究として特筆すべきなのは、高橋のCCT制度（条件付現金
給付制度）に関するものである[18]。貧困と所得格差の著しい地域では、
労働市場におけるインフォーマル部門の割合が大きく、社会保険への
未加入者の割合が多い。そこで、CCTを通じた生活保障・貧困削減
が重要となる。メキシコ、ブラジル、チリの比較分析を通じて、民主

主義の程度、党派性、市場開放度、および経済成長率がCCT制度の多様性を決定する要因であることを示す。わが国でも近年安定雇用が崩れ、非正規雇用者を中心とした社会保険への未加入や、ワーキング・プア等の、福祉の対象から外れる貧困層の拡大が社会問題となっていることから、CCT等の制度は参考になる。ジュジン（Gyu-Jin Hwang）は、東アジアではエスピンモデルの適用は難しいとしている[19]。

　レインゴルドとスミス（Beth Reingold and Adrienne R. Smith）は、福祉政策には人種や表象が通常関係するが、ジェンダーも関係するのかどうかについて分析し、Addictive Approachによるとジェンダーと人種をそれぞれ独立のものと捉えるが、Intersectional Approachはジェンダーと race/ethnicityをオーバーラップするものと捉えるため、分析の結果、後者のアプローチが福祉政策の展開をより正確に理解することが出来ることを証明している[20]。またクリステンとラウレイド（Tom Christensen and Per Lagried）は、福祉政策の改革における、広域連携とスペシャリゼーションに関連するモデルの有効性について検証し、ノルウェーの2005年福祉改革が連携・協力関係により進められ、2008年には逆に再び中央主導型、専門化へと傾斜したことを解釈するには、制度論的アプローチ（Structural-Instrumental Perspective）と文化論的アプローチ（Cultural-Institutional Perspective）の2の視点が必要であることを証明している[21]。ネイルセン（Karen Nielsen Breidahl）は、デンマーク、フランス、ドイツ、オランダ4カ国における“移民活動を奨励する諸政策”（Immigrant-targeted activation policies）について比較検討し、ノルウェーでは、それまで地方政府の裁量に任されていた移民の賃金について、全国で公平化を図る方向に改革が進んでいることや、デンマークにおいて諸権利の平等化が促進されている点についての要因や含意を探っている[22]。またカフナー（Stefan Kuhner）は福祉改革の限界について、幾つかの項目にわけて検討している[23]。

図表４－４　主要な社会政策の比較

	政策	規則	組織	活動方式
英国	公的セクター主導	・政府による規律作成	市民参加の促進	組織構成員への戦略、地位の付与
オーストラリア	官民共働	・契約方式 ・政策評価	共働方式	スーパービジョンによる構成員の活性化
スウェーデン	民間に委託	・アカウンタビリティ確保が主眼	民間委託	新規採用員への先進的トレーニング

　エスピン－アンデルセンが３つの福祉レジーム論を最初に提唱してから25年が経過したことを受け、多くの研究者がレジーム論再考に向けて研究を進めている[24]。その中でライス（Deborah Rice）はこれまでの４レジーム論、社会政策の諸類型から分類した４レジームの比較ならびにヨーロッパ10カ国における、近年の社会政策の変化（**図表４－４**）について検討している[25]。

　またリチャードソン（Domainic Richardson）はOECD諸国におけるレジーム論研究の有効性について検討し[26]、ミーガーら（Gabrielle Meagher, Natasha Cortis and Karen Healy,）はオーストラリア、英国、スウェーデンの３つの異なる福祉レジームに属する諸国の近年の社会政策について比較検討を行っている[27]。

　近藤[28]は、大陸ヨーロッパ型福祉国家の典型であるドイツを事例とし、①それは社会民主主義寄りの方向性から自由主義的方向性へ大きく変容していること、②その変容は福祉レジーム構築の担い手が変わったことによると主張している。中島[29]はスペインにおける福祉レジームの生成と変容について分析を行い、福祉レジーム論に付加された第４類型としての南欧型福祉国家の形成を分析した。福祉が人々に届くまで（政策過程、実施主体）を明確化し、福祉国家の枠組みや社会政策の調査と評価手法を提示したポールの研究は[30]社会政策を理解する上で極めて重要なものであり、古くて新しい貴重な諸視点を提示している。小田川[31]は、貧困政策を事例として、フィリピンにおける

図表4−5　フィリピン労働雇用省による雇用対策の４つの主戦略

主戦場	趣旨	プログラム
(1)雇用創出 Support for Employment Generation	雇用促進および人材育成	雇用調査，訓練・就職事業，不登校の若者への緊急就職支援など
(2)雇用促進 Employment Facilitation	雇用促進および人材育成	職安，労働市場情報システム，海外就業支援
(3)雇用維持 Employment Preservation	労使間の和解・秩序の維持	労働争議の予防と解決，労働組合結成支援など
(4)雇用強化 Employment Enhancement	労働者保護・福祉	技術教育と技能訓練事業，標準設定推進事業，生産性と賃金設定事業，社会的保護と福祉事業

出所：Philippines Medium-Term Development Plan 2004-2010.
出典：小田川華子「貧困政策にみるフィリピンにおける社会開発政策の特徴」『社会政策学会誌』
　　　第16巻、2006年. 91 - 103頁

社会開発政策の特徴を明確化している（**図表４−５**）。

　加藤[32]は、福祉国家の再編や変容を論じる際には、そもそも福祉国家の定義を明確にすべきだと主張し、そうした認識の共有が欠けている現状を批判している。

　書評論文としては、宗前の福祉レジーム論の批判的検討が特筆すべきものとして挙げられる[33]。また今里[34]は、長年にわたり福祉国家研究の流れの中に身を置いてきた新川の著作について、著者が福祉国家という政治経済システムの存立構造、変容、超克の論理を改めてトータルに明らかにし、脱福祉国家政治の可能性を照射しようとしたものとして評価し、福祉国家の再編は「脱福祉国家」、「福祉国家を超え」るものにならざるを得ないし、その超克は、福祉国家パラダイムそのものを問い直す理論的作業を必要とするとしている。

　福祉レジーム論は福祉国家を理解する上で極めて重要な概念ではあるが、それは万能ではなく、わが国を含む多くの福祉国家を内包しきれていないことも明確である。日本版福祉国家を理解する上では、それらレジームの枠組みに留まらない、様々な歴史的・文化的側面を考慮していくことが重要である。

1 宮崎徳子監修『地域包括ケアシステムのすすめ—これからの保健・医療・福祉』ミネルヴァ書房、2016年。
2 原田正樹「地域共生社会の実現にむけた「教育と福祉」」『社会福祉学』第58巻第4号、2018年、115–119頁。
3 藪長千乃「フィンランドにおける「児童保護」：普遍主義的な福祉制度下における要保護ニーズへの対応」『社会保障研究』、2017, vol.2, no.2・3, pp.216-232。
4 松村祥子「フランスの保育と子育て支援」『社会保障研究』第107号、2010年4月、114–118頁。
5 藤岡純一編『スウェーデンの生活者社会：地方自治と生活の権利』青木書店、1993年。
6 松田雅夫『ドイツ・人が主役のまちづくり：ボランティア大国を支える市民活動』学芸出版社、2007年。
7 アラン・ジェイコブス著『サンフランシスコ都市計画局長の闘い：都市デザインと住民参加』学芸出版社、1998年。
8 牧里毎治・川島ゆり子編著『持続可能な地域福祉のデザイン—循環型地域社会の創造—』ミネルヴァ書房、2016年。
9 奥田知志他著『生活困窮者への伴走型支援—経済的困窮と社会的孤立に対応するトータルサポート』明石書店、2014年。
10 『月刊福祉』 2018年7月号　特集「地域の中の生活困窮者支援」
本後健「生活困窮者自立支援制度の見直しについて」14–17頁。
11 これら生活困窮者の自立・尊厳の確保と地域づくりに関する活動の詳細は、『月刊福祉』2018年7月号等を参照のこと。
12 グレゴリー・J・ガザ著、堀江孝司訳『国際比較でみる日本の福祉国家—収斂か分岐か—』ミネルヴァ書房、2014年。
13 デンマーク出身の社会政策学者であるエスピン・アンデルセン（1947-）は、「福祉が生産され、それが国家、市場、家族の間に配分される総合的なあり方」としての「福祉レジーム」の相違が、福祉国家の類型を決定するとして、福祉レジーム論を提示した。当初は、自由主義レジーム（アメリカなどのアングロ・サクソン諸国）、社会民主主義レジーム（スウェーデンなどの北欧諸国）、保守主義レジーム（ドイツ等の大陸ヨーロッパ諸国）の3レジームであったが、東アジアやラテンアメリカ、東欧における新たな家族主義レジームが追加され、福祉4レジームとして展開されている（詳細は、https://www.mhlw.go/jp/hakusho/kousei等を参照のこと）。
14 4つの福祉水準では、米国と同様の残余の福祉水準とされる。地域包括ケアシステムといいながらも、現状では十分な在宅サービスが提供されないことから、家族介護あるいは施設収容型福祉が続いており、同時に施設も待機高齢者があふれるなど、十分なサービスが確保できていない点、また在宅・施設両サービスについて“措置行政”の名残が残っており、契約制度に移行といいながらも、市民が利用施設や利用サービス量を自由に決定できない点がその理由とされる（詳細は佐々木寿美『福祉国家論－過去・現在そして未来へ－』学陽書房、2012年、第2章を参照のこと）。
15 尹文九『高齢社会の政治経済学—日本の高齢者福祉政策を中心に—』ミネルヴァ書房、2017年。
16 吉田有里『社会保障の数量分析』清文社、2017年。数量分析による現状把握の必要生を指摘している。
17 恩田守雄「日本とベトナムの比較互助社会論」『経済社会学会年報』第30号、2008年、32–50頁。
18 高橋百合子「ラテンアメリカにおける福祉再編の新動向—「条件付き現金給付」政策に焦点を当てて—」『レヴァイアサン』、第49号、2011年、46–63頁。
19 Gyu-Jin Hwang, "The welfare modelling business in the East Asian Welfare State debate", *Social Policy Review* 27, 2015, pp. 225-245.
20 Beth Reingold and Adrienne R. Smith, "Welfare Policy Making and Intersections of Race, Ethnicity, and Gender in U.S. Lefislatures", *American Journal of Political Science*, vol.56,

no.1, 2012, pp.131-147.

21 Tom Christensen and Per Lagried, "Welfare Administration Reform Between Coordination and Specialization", *International Journal of Public Administration*, vol.36, 2013, pp.556-566.

22 Karen Nielsen Breidahl, "Immigrant-targeted activation policies: a comparison of the approaches in the Scandinavian welfare states", *Social Policy Review* 24, 2012, pp. 117-135.

23 Stefan Kuhner, "What if we waited a little longer? The dependent variable problem within the comparative analysis of the welfare state revisited, *Social Policy Review* 27, 2015, pp. 199-224.

24 *Social Policy Review*では第27巻(2015年)171-268頁において、福祉レジーム論25年の軌跡と題した特集(Part Three: 25 years after The three worlds of welfare capitalism: a retrospective)が組まれている。

25 Deborah Rice, "Applying welfare regime ideal types in empirical analysis : the example of activation", *Social Policy Review* 27, 2015, pp. 171-197.

26 Domainic Richardson, "The role of regime-type analysis in OECD work on social policy and family", *Social Policy Review* 27, 2015, pp. 247-268.

27 Gabrielle Meagher, Natasha Cortis and Karen Healy, "Strategic Challenges in child welfare services : a comparative study of Australia, England and Sweden", *Social Policy Review*, vol.21, 2009, pp.215-242. Gabrielle Meagher, Natasha Cortis and Karen Healy, "Strategic Challenges in child welfare services : a comparative study of Australia, England and Sweden", *Social Policy Review*, vol.21, 2009, pp.215-242.

28 近藤正基『現代ドイツ福祉国家の政治経済学』ミネルヴァ書房、2009年。

29 中島晶子『南欧福祉国家スペインの形成と変容』ミネルヴァ書房、2012年。

30 社会政策講義―福祉のテーマとアプローチ　ポール・スピッカー著、武川正吾ら訳。

31 小田川華子「貧困政策にみるフィリピンにおける社会開発政策の特徴」『社会政策学会誌』第16巻、2006年、91-103頁。

32 加藤雅俊『福祉国家再編の政治学的分析』御茶の水書房、2012年。

33 宗前清貞「補助線としての雇用―福祉レジーム論の批判的検討―」『レヴァイアサン』53号、2013年、117-124頁。

34 今里佳奈子書評　新川敏光『福祉国家変革の理路―労働・福祉・自由』ミネルヴァ書房、2014年、『季刊行政管理研究』No149、2015.3、68-72、214頁。

第5章

世界の行政事情リポート
－そして日本を考える－

市民主導型の政策プロセスを確立し、地域包括ケアシステムや生活大国の実質的な体制づくりを実践していく全プロセスにおいて、重要な役割を果たすのは“行政（公務員）”である。かつての政策形成は国家公務員、その実施は地方公務員と役割分担されていた構図も変化し、すべての公務員が一丸となって協働でシステムづくりに取り組んでいくことが求められる。そのような時代の中で、公務員に求められる能力も変化していることから、人材育成システムそのものについても、改善が必要とされるところである。

　ここでは、理想の社会を求めて試行錯誤を繰り返す諸外国の現状を、カナダ、米国、フィンランド、フランス、シンガポール、ベトナム、香港、中国、オーストラリア、日本の比較検討を通して明確化していく。

① "我々は米国ではない"＝独自の アイデンティティに支えられた国カナダ

　カナダ（Canada）の国土面積は日本の約26倍で998万平方キロメートル、ロシアについで世界で２番目に広い面積を有する国であり、"民族のモザイク"と表現されるような、多民族国家である。各地域は厳しい寒さを共有しており、この厳寒の国土から豊かな創造力が育まれてきたとされている。夏のカナダは心地よく開放的だが、閉じ込められた長い冬の反動として短い夏を楽しむこの時期は、創造的活動という視点から見ると、停滞期であるとも言え、むしろ、"雪"、"寒さ"、"大自然"等がカナダを象徴するものであり、その意味では、本当のカナダは"真冬の北方国家"である。何気ない身近な自然の中にも、目を見張るような美しさや神秘、厳しさがある。狭いスペースに、ありとあらゆるものがびっしりと詰まっている都会と異なり、草原と農地が広がる広大な大自然こそが、カナダ本来の魅力である。

　カナダでは、政治的にも経済的にもアメリカ合衆国の影響力が大きい（カナダの製品輸出先の87％が米国向け、輸入先の67％も米国である）ため、"米国ではない"という意識がカナダ人のアイデンティティを形成している。豊かな天然資源保有国であり、農林漁業の比率は日米同様低いが、それでも有数の穀物輸出国であり、世界の食料供給に貢献している。工業やサービス業を中心とする国であり、豊かな生活水準を誇る先進工業国でもある。学校教育に特に力を入れており、メディア・リテラシーへの取組みが世界で最も盛んな国として知られている。

　カナダの教育は州政府により管轄されており、各州の教育省が日本の文部科学省のように、教育水準を設定しカリキュラムを組むため、それぞれの地域的な特色や文化、歴史等を反映したカリキュラムが組まれることになる。大学は一部例外を除き州立であるため、大学間の

図表５－１　カナダ全圏

レベル差はなきに等しく、世界的に見ても高水準の教育を提供している。例えば、バンクーバーのあるブリティシュ・コロンビア州では、6歳〜12歳（Elementary/Primary School）、12〜17歳の中等教育（Secondary School）、18歳〜22歳（University/College）と分けられている。OECDの学習到達度調査においても、カナダの生徒達は良好な成績を示しており、高い教育水準を誇っている。成績のばらつきが小さいことも特徴的であり、フィンランドと並んで教育水準の高い国であるといえる。背景には、学校教育を大切な社会基盤と考える国民の意識と、多様性を許容しつつ確実な教育効果を上げる学校制度が併存しており、公費支出の比率が高く、教員の養成制度や免許制度も日本に比して整備されている点が特徴的である。公立学校を中心とした、州単位の教育制度であり、そこで多様な学校教育が展開されていることが、カナダ教育の特徴であるといえる。

　カナダでは、総人口3,161万人（2006年）の5割弱が6つの人口100万人以上の大都市圏（トロント、モントリオール、バンクーバー、オ

タワ、カルガリー、エドモントン）に集中しており、最大のトロント大都市圏人口は511万人、メキシコを含む北米地域で6位の規模となっている。トロントへの人口一極集中は、日本における東京一極集中と同質な傾向を有し、広大な国土と少ない人口という、まさに対極にある国においても、大都市一極集中の構図を見ることができる。カナダ経済を支配するアメリカ系企業などの外資系企業の集中がその主要な要因であり、また金融経済の中心都市として、トロントをはじめとするカナダ都市においては、多民族化が急進している。カナダの人口増加の主たる要因は移民の流入にあり、トロント、モントリオール、バンクーバーの3都市への人口流入が特に著しくなっている。

米国とカナダ─2つの連邦国家

　米国とカナダは比較政治の観点から見ると、類似性がありながらも独自な政治や外交のスタイルを持つ、という点で興味深い比較ペアである。歴史的には移民を受け入れ、また連邦制度を採用し発展を遂げてきたという共通点があり、他方では共和主義や強固な統合理念を持つ米国と緩やかな統合をめざすカナダというような差異も顕著だからである。米国が持つ圧倒的な経済的・軍事的パワーに対し、カナダは小さいながらも豊かな経済力を誇り、またユニークな外交政策を展開している[1]。

　カナダ政治の特質は、イギリス式の議院内閣制と米国式の連邦制を組み合わせた点にあり、米国の政治が理念による国家統合を果たし強い国家の実現を目指してきたとすれば、カナダ政治は理念よりも現実のバランスに応じることで生き残ってきた国家ともいえる[2]。

ブリティシュ・コロンビア州

　カナダの西海岸にあり、日本に一番近い都市としてのブリティシュ・コロンビア州（英語Province of British Columbia、フランス語

Province de la Colombie-Britannique）には、バンクーバー、ビクトリア、ウィスラーなど日本に人気の観光都市が多い。冬は雨が多いが、カナダの他州に比べて比較的温暖である。中国系、インド系、ドイツ系、フランス系、イタリア系、オランダ系、イギリス系などの様々な人種が混在している。州都はビクトリアである。

　ブリティシュ・コロンビア州最大の都市であるバンクーバー（Vancouver）は、東のトロントやモントリオールと比較してはるかに北方にあり、北緯49度13分なので、日本近辺でいうとロシアのハバロフスクやサハリンの中央部に相当する。それでも温かく湿気を含んだ太平洋の暖流の影響で冬でも平均気温は氷点下にならず、夏はからっとした晴天が続いて過ごしやすい。米国の街が画一的なのに対して、隣接するバンクーバーは様子が全く異なり、人々の英語もインターナショナルでわかりやすいものである。

　バンクーバーという地名は、ジェームズ・クックとともに1792年にここにやってきて正確な海図を作成したイギリス人航海者で海軍士官のジョージ・バンクーバー（1757-98）に由来する。カナダ太平洋鉄道が1885年に開通し、その翌年、周辺の製材集落が一緒になりバンクーバーが誕生したが、1914年のパナマ運河開通により、内陸部の木材や小麦等の輸出港としての地位を確立、1930年代の戦間期に、モントリオール、トロントに次ぐカナダ第三の都市となった。

　周辺地域を含んだバンクーバー都市圏の面積は、神奈川県よりも少し広い2,877平方キロ、人口は212万人（2006年度）、都市圏住民の総所得は800〜1200億カナダドルと推定されている。バンクーバー港はカナダ最大の貿易港であり、130カ国を相手に年間750億ドルの貨物を扱っている。バンクーバーはトロントとは異なる多民族社会に発展した都市であるといえるが、それは、トロントに比べ早くからエスニック集団が存在したことに加え、太平洋岸に位置することの影響で、ブリティッシュ・コロンビア州には歴史的にアジア（特に中国と日本）

からの移民が多く、バンクーバーの開拓と発展に大きく寄与してきたことに起因している。

　バンクーバーは、周辺20余りの自治体と併せて州の地方行政区としての"メトロバンクーバー"を形成している。都市圏人口は210万人であり、これはカナダ国内第3位の人口規模である。1867年に製材所ができ、これらを中心とする入植地であったギャスタウン（地区）は発展を続け、東カナダから続くCP鉄道が街まで敷かれた1886年に街は"バンクーバー"と改名され市政となる。製材所から発展した同市は林業が最大の産業である。都市部ながら自然に囲まれた都市として有名であり、観光業も発達しており、同市第2の産業となっている。また、ハリウッド・ノースとも呼ばれ、北米第3位の規模となる映画製作拠点となっている。国際会議や国際競技が数多く開催されており、2010年には第21回冬期オリンピックが開催された。

2 限りなき自由競争社会の追求=米国

　"男女共同参画は企業から"、"キリスト教精神に支えられた福祉補てん"等、スタートラインの平等を保障するために、限りなき自由主義を追求する米国は、多くの優秀な人材を生み出し、それが世界を牽引する原動力となっている。弁護士と同様に"権利擁護"の視点から重要な職種として、"ソーシャルワーカー"（社会福祉士、Social Worker）の地位も確立されている。国土面積は967万平方キロメートル（日本の25倍）、気候は大西洋岸気候、大陸性気候、地中海性気候の3タイプにわかれ、総人口は2億7000万人、GDP世界第1位の経済大国である。

　公平な競争の結果生まれる格差は自己責任であるとされ、各種の福祉サービスには消極的だが、"スタートラインの公平性確保"という視点から、ソーシャルワーカーの地位は高く、福祉・介護領域における日常的なケアが中心となるわが国とは異なり、その活動も弁護士と同様に多岐に渡る。開放型任用制度にもとづく転職社会・資格社会であり[3]、基本的には業績主義と透明な競争社会が実現されている。それぞれに独自の起源、信仰、社会、経済、統治機構等を持った13の植民地の"連合体"として始まった国家であり、多くの移民を受け入れながら成長してきた極めて特殊な人工的な国家でもある[4]。明文化された政治原則に基づく人工的な国家、常態としての分裂、国民統合のメカニズムとしての政党政治と大統領選挙、等をその特徴とする。

　米国では日本でいう「国民健康保険」にあたるものがなく、公的な医療保険を利用できるのは、65歳以上の高齢者及び重度の障害者と低所得者のみである。莫大な医療費が請求される場合も多いので、民間の医療保障プラン（従来型と管理医療型）も必要とされるが、病気も医療も自己責任、政府の役割をできる限り限定的なものに抑える思想

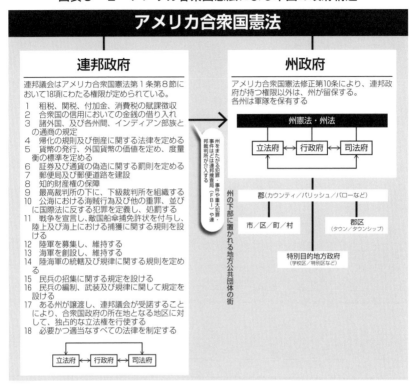

図表５－２　アメリカ合衆国憲法による米国の政府構造

は、ある意味シンプルで分かりやすいものである。

　米国各州の政策差異を生み出す研究をいくつか考察していきたい。サンテェズとバレステロ（Garcia-Sanchez and Beatriz Cuadrado-Ballesteros）は自治体の効率性を決める要因を探り[5]、分析の結果、経済発展と教育水準に関連する組織環境が政府の効率性を決定していることを証明している[6]。

　また、ボウシー（Graeme Boushey）は、Criminal Justice Policy（刑事司法政策）が、1960年から2008年までにアメリカ合衆国で伝播して

いく過程を検証している[7]。伝播過程では、その法律により利益を得る集団や負担に値する集団などのターゲット集団をどのように描くかが重要であり、政策形成の際のバイアスもまた見られることが明らかにされている。

　自治体規模と経済との関連については、ハンセンら（Jens Blom-Hansen, Kurit Houlberg, Soren Serritzlew, and Daniel Treisman）が市町村合併と経済効果との関連性を探り[8]、世界各国で経済効率を上げようと合併が行われているが、その効果は検証されないことを明確化している。つまり、コスト節約は自治体規模とは無関係であることが多い。

ニューヨーク

　マンハッタンは、南から順にウォールストリートという金融街、ロウアー・イーストサイド、ブロードウェイ、最北の上流層のアッパー・イーストサイドから構成される。競争激甚なウォールストリートと、彼らが家族と穏やかに暮らす邸宅は当初引き離されていたが、その間に移民達が入り込み、また、彼らの娯楽の場としてのブロードウェイへアッパー・イーストサイドの観劇客らが入り込んで、下層と上流の棲み分けと共存が同時に起き、現在の姿になった。

（1）政策研究：ニューヨーク市政調査会

　市政調査会とは、都市の政治・行政について調査研究を行う機関のことである。19世紀末から20世紀初めにかけて、米国において展開された市政改革運動の１つの所産として、各都市に民間の市政調査機関が設けられ、それ以降の市政改革に大きく貢献した。1906年設立されたニューヨークのBureau of Municipal Research（後の行政研究所）はその好例である。日本では、ニューヨーク市政調査会（New York Bureau of Municipal Research、後Institute of Public Administration

の行政研究所）の所長を務めていたビアードを招いて、22年に東京市長後藤新平が東京市政調査会を設立した[9]。

ニューヨーク都市政策研究所(Urban Policy Institute of New York：UPIny）は2004年1月に設立されたニューヨーク州登録の民間研究機関である。その設立の目的は、日本と米国との都市政策分野の橋渡し役としての役割を果たすことであり、その業務はニューヨーク行政研究所（IPA）での調査・研究活動を引き継いでいる。IPAは理事会の決定により2004年6月に調査研究活動を停止し、大学院の学生等に関する奨学活動に専念することとなったため、IPAの活動のうち日本関連の業務を引き継ぐためにニューヨーク都市政策研究所（UPIny）が設立された[10]。

（2）公務員の人材育成：大学院教育（MPAプログラム）

日本の終身雇用と年功序列を基本とする閉鎖型任用システムとは対象的な、転職による地位向上と業績主義に基づく開放型任用システムのもとで、大学教育、大学院教育の果たす役割は大きい。わが国では公務員教育は基本的に組織内で職務の一環として行われるが、米国では組織外での資格取得プロセスの中で実施されることになる。例えばMPA（Master of Public Administration：行政学修士号）取得のための行政大学院は、大学の学部卒の学生のみならず、社会人も対象としており、特に民間企業等で働きながら、転職先として行政機関の幹部公務員をめざす人々が、大学院レベルの知識と、幹部行政職員としての即戦力を身につけるための内容となっている[11]。行政に限らず、あらゆる分野で転職のためには資格が必要とされるため、幅広い年齢層や専門性を持つ社会人が、大学院に通い資格取得を目指すことになる。

③ 人間同士の競争がない社会を求めて＝北欧４カ国の諸相

　北欧４カ国のような高度な福祉国家が生まれた背景には、厳しい自然環境と強敵ロシアの存在が大きい。戦う相手は厳しい自然であり、また対岸に存在する敵国であることから、国内での人間同士の競争のない社会を築きあげることが可能となったのである。４カ国のうち、リーダー的存在として福祉国家の礎を築きあげてきたスウェーデンは、最近また徴兵制を復活させたが、その背景には、ロシアが再び脅威となってきたことが挙げられる。福祉国家のモデルとされ、多くの国々から賞賛も批判もされる対象となるスウェーデンであるが、その国民性は誇り高き貴族に通じるものがあり、女性の社会進出を見ても、Ｍ字曲線ではなく逆Ｕ字曲線を描く（平均参加率82パーセント）等、すべての人々の平等意識の極めて高い国である。一度も戦争等で占領されたことのないスウェーデンは、高齢者・障害者福祉も、長い歴史の中で築きあげられており、わが国のような急速な少子高齢化は見られない。徹底した地方分権により、在宅福祉を主流とする社会保障政策が展開されており、財政的な側面のみならず、公共サービスの提供においても、公的セクターによる行き届いた政策が展開されている。

　デンマークは北欧諸国の中では最も暖かく、３月ともなると殆ど雪が降らないため、太陽の光を浴びて街行く人々の顔にも笑顔が多く見られる。同じ時期まだ雪深いフィンランドや、時折雪が降ると人々が厳しい表情を浮かべるスウェーデンとは随分異なる様相である。福祉国家といいながらも、大陸ヨーロッパから山のように訪れる観光客から高い税金を取り、それに支えられて生活を謳歌する人々の様子は、陽気な商人を連想させる。首都コペンハーゲンは、大陸ヨーロッパのパリと同様に、交通の要衝であり、また恵まれた気候と豊かな観光資

源に支えられた経済都市であると言える。

　ロシアとスウェーデンという大国に挟まれ、交互にその属州となってきたフィンランドの人々と同様、デンマークの一州とされ、のちにスウェーデンの統治下に服してきたノルウェー人は、強い愛国心を持つ国民である。女性の社会進出等で世界一を誇る豊かな福祉国家は、他の北欧３カ国と異なりロシアから少し距離を置き、暖流の影響で緯度よりも温暖な気候であるという地理的好条件、そして豊かな天然資源に恵まれ、静かで安定した福祉国家の形成に成功しているといえる。

　フィンランドから高速船で１時間40分のところに、エストニアの首都タリンがある。ヘルシンキ－タリン間は１日に何本もフェリーが運航されており、タリンは中世の街並みを残す美しい都市として、気軽な観光都市となっている。エストニアは有数のIT大国としても知られ、先進的なイメージが強いが、中心地を少し離れた冬のエストニアを訪れて見ると、明るいイメージとは裏腹に、ロシアの支配下にあった貧しい時代の名残が散見される。バルト三国の１つとして長くソビエト連邦の構成国であったが、独立後はNATOやEUに加盟するなど、西欧諸国との積極的な外交を展開する、北欧諸国と関係の深い小国である。

フィンランド

　総称 "福祉国家" として、ひとまとめにされることが多い北欧４カ国であるが、それぞれは独立した歴史を持ち、それぞれが異なる国民性と独特の国家システムを有する福祉国家である。先述の通り、森と湖の国として豊かな自然を持ち、帝政ロシアとスウェーデンに長く支配された歴史を持つフィンランド共和国（Repbliken Finland：通称フィンランド）は、北ヨーロッパに位置する共和制国家である。高度な福祉国家を構築しているとされる "北欧諸国" のひとつであり、西はスウェーデン、北はノルウェー、東はロシアと隣接、南はフィンラ

図表５－３　北欧４カ国とその周辺

ンド湾を挟んでエストニアが位置している。飛行機がヘルシンキの空港に近づくと、"森と湖の国"にふさわしく、濃緑の島々の美しい眺めが眼下に広がるが、この街に降りたってみると、そこに広がる光景は、南欧に見られる白壁や煉瓦の家並み、ドイツ風の尖塔といった、いわゆる"ヨーロッパの風景"とは異なり、帝政ロシア時代のネオ・クラシカルな建築物と、スウェーデン領時代の名残、水準の高い近代建築が微妙な調和を保っている。

　北欧４カ国の中でも最も寒く、厳しい自然と闘いながら生きてきた国である。冬の日照時間は２時間、わずかな太陽の光をも無駄にしないよう、ガラス張りのマンションが多く建ち並ぶが、その窓ガラスは四重であり、極寒の地フィンランドで生きる人間の、技術の進歩を感じさせるところである。地下室にこもり、寒い冬を過ごすイメージの強いフィンランドであるが、鞄や洋服のような日用品にとどまらず、公園のベンチまでも、明るい色やきれいなデザインで彩られ、シドニーやパリ、東京など、基本的に暖かい国の冬に流行する黒色のコートなどは、フィンランドやカナダといった寒い国ではあまり見られない。

フィンランド人は行き届いた教育システムのお陰で、ほぼ全ての国民が流暢な英語を話すが、それは、極寒の地フィンランドを訪れてくれる人々とのコミュニケーションを図るためであり、おもてなしの心からである。物価は極めて高く、外国人が長く暮らすには厳しい側面も多いが、老いも若きも、高度な福祉国家システムにより生活が保障されているため、厳しい自然の中で助け合って生きる政治文化が色濃く見られる。EU加盟後は自国通貨マルッカの使用をやめ、北欧の中で唯一ユーロが使える国として、EUに懐疑的な政策を採っている北欧諸国では例外的な、積極的な関わりをもつ外交政策を展開している。

　スウェーデンに約650年、ロシアに約100年間支配され、数々の戦争で幾度も国境線を変えられたが、それでも民族愛を失うことなく生き続けたフィンランド国民であるが、当時の支配国であったロシアの汎スラブ主義が勢いを増したのをきっかけに自国存続熱が高まり、1917年、ロシア革命と時を同じくして独立を勝ち取った。

　首都ヘルシンキ（Helsinki）は、帝政ロシア時代の1812年、ロシア皇帝アレクサンドル１世がスウェーデン寄りのトリクに都があるのを嫌い、この地に遷都して以来、首都として、また貿易港として栄えてきた。現在の人口は616,024人、ヘルシンキ都市圏の人口は約140万人で、フィンランドで最も人口の多い自治体と都市圏を形成している。100万人以上が住む都市圏としては最北に位置する都市圏で、欧州連合加盟国の首都としては、最北に位置する都市である。フィンランドの政治や教育、金融、文化、調査センター等様々な分野の中心都市であり、2011年モノクルマガジンの調査*Liveable Cities Index 2011*で、世界で最も住みやすい都市となり、また2012年エコノミスト・インテリジェンス・ユニットの都市調査においても、総合８位にランクインしている。

　フィンランドの行政区域は、ラーニ（県に相当）、マークンタ（合同グンタ、郡に相当）、クンタ（基礎的自治体）、カウンプンキ（一部

のクンタ、市に相当）に分けられ、地方自治体はクンタのレベルで最も発達している。450近いクンタが存在するがその規模は小さく、およそ6割のクンタは人口1万人未満である[12]。地方自治体で展開される行政には、広く民主的な参加が保障されており、上級公務員の地位も、クンタ長やクンタの長官と同様、その重要性が高まっている。教育や文化の向上、保健医療や各種の福祉サービス、公共交通等はすべて地方政府の責務とされる。フィンランドの国民総生産のおよそ3割が社会保障に関連するサービスに充てられ、その割合は増加している。国民年金システムを基礎とし、賃金格差の少ない、福祉国家としてのフィンランドの行政サービスの多くは、地方公務員により形成・実施されている。

4 世界一住みやすい国の実現
＝フランス

　5年連続で世界一"住みやすい国"とされるフランス（フランス共和国）[13]は、豊かな食料自給率と移民・外国人労働者に支えられ、週35時間労働制を実現する生活大国である。所得格差の是正は政府支出によりなされるレベルの高い福祉国家であるが、男女・階級格差が依然として残る、古い体質を持つ社会でもある。一部のエリートを早くから選抜して徹底的に教育するとともに、その他の国民には平等主義に近い、行き届いた義務教育を提供する。国土面積は日本の約1.5倍、気候は大西洋岸気候、大陸性気候、地中海性気候の3タイプにわかれ、総人口は5900万人、GDP世界第5位の経済大国でもある。面積は55万平方キロメートル、スペイン、ドイツ、スウェーデンを押さえ、ヨーロッパ最大の広さを誇る。EUの中心という好立地と、整備された交通網のおかげで交通の要となっており、また大西洋と地中海という2つの重要海への開口部を有しているという2つの好条件が重なり、暮らしやすい社会の実現に成功している。温暖な気候と豊富な天然資源に支えられ、100％の食料自給率を誇る福祉国家であるが、同時に、麗しいフランスのイメージとは裏腹に、核兵器を持つ軍事大国である。また、エネルギーの自給をめざすため、世界有数の原発依存国でもある。

　政治制度としては共和制を採用し、世界でも有数の強い権限を持つ大統領制度も有名である。大統領は投票者総数の過半数で国民より直接選ばれ、任期は5年、司法をも超越する強い権限を有するが、これは過去の多くの政治変動が、弱い政治制度により生み出されたと認識するフランス国民が、強健なリーダーシップを望むからである[14]。欧州は車社会であり、各国とも地続きな上、高速道路も整備されていることから、パリはメトロで十分だが、一歩パリを離れると車は必須で

あるとされる。ユーロスターやTGV等、高速公共交通網も整備されており、ストラスブール等はコンパクトシティの先進例として、各国からの視察が絶えない先進都市とされている[15]。

　フランスは長い間、ヨーロッパで最も農村部が多く中央集権化された国であった。パリに主要な都市機能が集中していることが、それを物語っており、東京一極集中が進むわが国と類似の様相を呈している。それでもこの中央集権的なシステムは今日では変化し、国家は絶対的な権限を持つ存在ではなくなった。その背景には、国内では地方分権化により地方自治体に、超国家レベルではEUの諸機関に歩みよらなくてはならなくなったからである。それでも都市と地方は独自の道を歩み、中央集権化と多様性が両立している国家であるともいえる。

　女性は伝統的に男性の領域とされていた仕事を含め、現在ではあらゆる職業に就くことができるようになったが、組織内で責任あるポストにつくのは相変わらず困難である。特に政治の領域と家事分担においては、男女平等は他のヨーロッパ諸国と比較して非常に立ち後れている。何かあったら街に出てデモを行うのが、フランス特有の伝統的な抗議方法であり、党派を超えたデモ大国である。社会保障は世界的に見ても非常に優れており、健康保険、失業手当、社会的ミニマム（最低生活保障）、家族政策、年金など、基本的なニーズをカバーする[16]。フランスの医療制度の特徴は、患者による医師の選択、最貧困者でも医療サービスを受けることができる国民皆保険である。結婚の形も多様であり、パックスという、異性・同性を問わず共同生活を営む成人カップルの身分を保障する「契約」を含め、異性カップルは従来の「法律婚」「事実婚」と合わせて３種類、同性カップルは「結婚」を除く２種類の選択肢をもつことになる。このような多様な結婚形態を認める風土が、ヨーロッパ随一の高い出生率を支えるものとなっている[17]。

　大学はバカロレアを取得した学生は原則として無条件で希望する大学に登録できるが、人気の高い大学や学部には、バカロレアの点

数による足切りもある。一方、フランス国立行政大学院（ENA＝Ecolenationaled'administration）等のグランゼコール（Grandes Ecoles）はフランス独自の高等専門教育機関であり、行政領域のみならず、医学・神学を除くいずれの専門分野においても、高度専門職養成機関としての役目を果たしている。フランス全土に200校ほどあり、歴史のある学校が名門とされる場合が多い。

パリ

　フランスの首都パリは、過去に築きあげた“豊かな文化遺産”と、現在ヨーロッパ諸都市を結ぶ“交通の要衝”という2つの好条件を有するため、常に世界中から人が集まる、活気あふれる都市である。わが国の東京と京都が一緒になったような感があり、また街中にあふれるネイティブ・フランス人のフランス語会話は、その上品で豊かな口調から、“世界一美しい言語”といわれる由縁である。ふとしたことから席を隣り合わせると、Tu Parle Francaise ?（あなたはフランス語を話しますか？）という質問がなされ、Oui（ええ）という返答が得られると、そこから流暢なフランス語のやりとりが始まる。まるで、“マダム、一曲お相手を”“喜んで”との会話から優雅なダンスが始まるように、男性から小さな子どもまで優しく上品に話すその口調は、街中でワルツが踊られている感がある。四季の変化は豊かで、日本の夏を除いては東北地方に類似しているが、空気は乾燥しており、6月から8月にかけては、からっとした初夏の空気に満たされる。昼間は30度を超える日も多いが、石畳の街であるため、日が沈むと涼しくなり、熱帯夜になる日は殆どないといわれる。中心部から少し離れると、殆どブランドものを持たず、少ない物を長く大切に使うことで、おしゃれも豊かな生活も実現するパリジェンヌが暮らす住宅地が広がるが、同時に中心部は変貌し続ける大都会であるパリは、世界中から人が集まる、興味深い都市である。

図表５－４　パリ全図

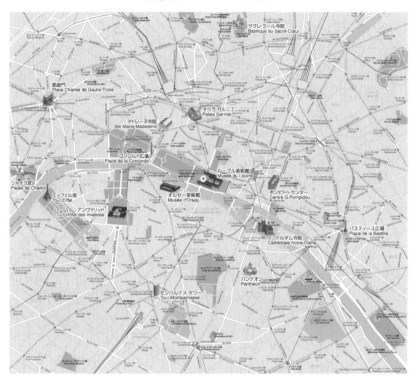

　このように書くと、さぞ便利で美しい都市であるかと想像するかも
しれないが、実際のパリはゴミがあふれ、トイレは極端に少なく、メ
トロも古くてわかりにくい等、都市行政としては改善すべき点が多々
見られる。ホームレス等はそれほど見られないが、常に世界中から人
が集まることから、置き引き・すりが多発し、治安も決して良いとは
言えない。夜の一人歩きも危険であるとされている。コンパクトシティ
として知られるストラスブールまでをつなぐTGVも、わが国の新幹
線と同様とされるが、実際に利用してみると、時間には極めてルーズ
な、古くてそれほど快適とはいえない乗り物である。数々の観光遺産
や世界中で話されるフランス語等、過去に築きあげたものは素晴らし
く、また交通の要衝であり、気候に恵まれ豊かな食料大国であるなど、

好条件に恵まれるために、労働時間の短い生活大国、子育て大国を実現してはいるが、現在の努力を惜しまず都市行政の改善を図れば、更に素晴らしい国になるのではないかと感じられる側面も多い。司法をも超越する強い大統領制に対して、デモ行進や放火行為により抗議する、17世紀の革命時代のやり方をそのまま踏襲するのではなく、"政治制度を改善する"、"合法的に国民が抗議できる制度をつくる"等、より現代的な手法を採るべきであろう。せっかく美しいシャンゼリゼ通りに、銃を持った警察官が並び、抗議行為に備えている景色を見ることは、世界中から集まる人々にとって、決して気持ちの良いものではないだろう。

しかし、そのような都市行政の諸問題はあるものの、人材育成や公務員教育の領域では、わが国が参考にすべき優れたシステムを有している。ヨーロッパ諸国は基本的に長い歴史の上に形成されており、それが日常生活や政治文化に留まらず、現在に通じる様々なシステムの礎にもなっていることから、フランスのシステムをそのままわが国に導入することは避けたいものである。むしろ、良いと考えられる制度や教育内容を、わが国のシステムの中で上手に機能させるためにはどうすればよいか、きちんと考えた上で導入していきたいものである。

ENA

フランスのグランゼコール[18]の一つであるフランス国立行政大学院（ENA＝Ecole nationale d`administration）は、シャルル・ドゥ・ゴール将軍により1945年に設立された、キャリア公務員養成学校である。

ドゴール将軍が45年にエリート教育の必要性を痛感してENAを創設した当時は、野望や出世とは無縁のエリートを育てるのが目的であった。ENA創設の政令では①国民のアイデンティティの再構築、②社会的階級からの官僚の独立、③国益を最優先し各官庁間の隔絶を

解消、④政治からの独立等を規定し、真のエリートのあるべき姿が示されている。フランス全土から結集された優秀な人材を育てるために、ENAの生徒は、ナポレオンが創設した理工科学院（ポリテクニック）や高等師範学校（エコール・ノルマル・シュペリュール）の生徒と同様、月給をもらいながら教育を受けられるが、2009年に卒業する現在の生徒の大半は富裕層の出身であり、創設時の理想とはかけ離れたものとなっている。サルコジ大統領が創設理念に沿ったENAの復活をかけた改革を行ったが[19]、その行方は未知数である。官僚支配が強い国という意味で日本に近く、ENA改革の成否は、わが国の人材育成システムにも参考になるものである。

　ENAは高級官僚養成のための学校であるが、入学試験は3種類ある。受験は3回まで可能である。

　1）外部者用試験：一般学生対象。28歳以下で高等教育の修了証を有するか、他のグランゼコールの卒業生であること。

　2）公務員用試験（内部試験）：5年以上の公務員経験者が対象。

　3）第3の試験：40歳以下でそれまで8年の職業生活もしくは地方議会の議員経験を積んでいること

400人ほどいる教授陣は常任ではなく、構成員は常に代わっている。役人70％、大学教授など20％、その他、経営者やジャーナリストなど10％で構成される。

受験者391人、最終合格者75人、倍率5倍（2018年度）
留学生3657人（134か国から）

　フランスは伝統的に、極めて中央集権の強い国であるが、1982年から1983年に通過した地方分権化法に基づき、現在、地方分権改革が進められている。フランスは従来、中央集権的な官僚機構を発達させてきたが、この強い中央政府と画一的な地方行政を担うフランス中央・

地方行政制度を完成させたのはナポレオン一世にまで遡るとされる。つまり、地方分権化法が82年〜83年に通過する以前の約180年間、フランスの中央集権的な公務員制度に大きな変化は見られなかったことになる。ナポレオンは、各県に中央政府の官僚を知事として配置し、県の行政を担当させると同時に、県内の市町村を監督し、画一的な行政の執行を確保する役割を担わせた。こうして中央集権的な行政体制を確立したわけだが、フランス中央集権の伝統には、"国民主権と平等原理の尊重"という側面と、"国家の統一を最優先する"という2つの側面が存在している。時代の変遷とともに中央集権体制を維持する必要性は薄れ、かえって中央集権的な行政の非効率性が目立つようになり、1982年にミッテラン政権が分権化改革に着手したわけだが、それまでの180年の間でも、フランスでは、国の法律は全国画一的に適用されるのが建前であっても、実際には地域の実情にあわせた柔軟な運用がなされてきた。国のエリート官僚から知事は任命され、現在の知事は国と各レベルの地方自治体との間で、事務分担を調整するコーディネーターの役割を果たしている。教育公務員、警察官は国家公務員であるため、日本と比較して地方自治体の事務の範囲が狭く、日本よりも国家による統制色が強い行政システムを有してはいるが、上院に地方自治体の代表制を付与しており、また国会議員と地方議員の兼職制度があることから、中央集権国家体制の中でも、地方自治体の主張が国政の場において十分考慮される制度が保障されている。長い中央主権的な行政システムの中で、ENAが輩出するキャリア公務員はまさにその中枢を担う重要な役割を担う者たちであることから、ENAにおける教育は常に実践的でハイグレードなものとなっている。

　3種類の試験の入学後の扱いは同じであるが、早期に責任ある地位に就くことを反映し、試験においては、幅広い素養が問われることになる。毎年約100人が入学するが、2007年度は、部外試験46人、部内試験35人、第3種試験9人の実績となっている[20]。入学後の研修機関

は２年３ヶ月で、(1)EUの諸機関や国際機関での実習などのEU課程、(2)県庁、地方公共団体での実習などの地方行政課程、(3)企業、本章での実習を含む公共管理・マネージメント課程、(4)グループ研究の４ステップから構成されている[21]。卒業後、卒業時の成績順に希望する職員群に在籍できるが、成績優秀者はグラン・コール（国務院職員群、会計検査院職員群、財務監察官職員群の３つ）を選択することが多いとされる（卒業生の約10％）。グラン・コールの職員は省庁を超えた異動を頻繁に行い、昇進も早く、局長等を多数占めるが、グラン・コール以外の者も昇進は早く、ENA卒業後数年で課長ポストになることも多い。

①共通コア研修（24ヶ月間）

①EU課程（25％）「EU機関等実習準備（３週）→EU機関等での実習（17週）→実習後研修（７週）→試験（１週)」の全28週で構成。
②地方行政課程（28％）「地方政府実習準備（３週）→県庁などでの実習（22週）→実習後研修（７週）→試験（１週)」の全33週で構成。
③公共管理・マネージメント課程（26％）「企業実習準備（１週）→企業での実習（10週）→中央省庁実習準備（１週）→中央省庁での実習（４週）→実習後研修（７週）→試験（１週)」の全24週で構成。

②選択研修（３ヶ月）

　学生５〜６人のグループによる研究（成績割合10％）であり、研究テーマは①法律問題、②社会問題、③経済政策決定、予算・金融問題、④地方政府における課題、⑤環境・国際協力である。その他、語学(10％)英語集中研修、選択語学研修、応用言語研修などの語学研修（10％）やスポーツ研修（１％）がある。

希少な資源、過酷な自然環境を行政主導で克服＝シンガポール

シンガポールは乏しい資源、過酷な気象条件を、公共サービスでカバーし、小国ながらも生活大国の資質を備える国である。住宅がある（8割が公団、年金まで見越したローンで誰もが買えるように政府が供給、一部マンションは高い）、仕事がある（失業率は低い）、ということで国民の生活満足度は高いが、物価は5年連続世界一と高く、"稼ぐのは国内、使うのは海外（マレーシアや日本など周辺アジア諸国）"というのが一般常識のようである。マレー半島の南端に位置し、熱帯雨林気候のため、明確な四季はなく、平均気温が1年を通じて昼間26度、夜間でも24度、高温多湿の国である。人口は420万、そのうち中国系が76％を占め、多民族国家となっている。国語はマレー語、公用語は英語、中国語、マレー語、タミール語の4か国語、学校は2言語教育（2つを選択）であり、各民族がそれぞれの言語・宗教・文化・生活習慣を守り、お互いを尊重しながら一つの社会を作り上げている。

建国者ラッフルズが都市国家を形成してから、多様な移民社会が成立し、アジアの新たな試みとして、各種政府主導の政策を展開する。厳しい規制と罰金制度は有名で、管理国家の諸相を呈しているが、国民はむしろそれを誇りに思い、厳しいながらも行き届いた行政サービスに強い不満はない。シンガポール国立大学（NUS）などは留学生が多く、同時に世界の有名大学への留学生も多く、海外志向が強い。

85％の国民が、住宅開発局が運営している高層団地に居住し、MRTなど公共交通機関が充実しているため、交通事情は極めて良好である。常夏で四季もなく、平均気温は26.7度であるため、日本人が滞在すると体調を崩すことも多いが、日本のような健康保険がなく、自費で医療費を支払う仕組みのため、莫大な医療費がかかる場合もあ

る。少子高齢化は日本と同様に深刻だが、わが国と異なるのは、資源が極めて乏しい国にとって一番大切なのは"人的資源"であるとの認識から、一部のエリートに英才教育を提供し、かつそれ以外の子どもにも二重・三重にシステムを敷くことで、リーダーを育てつつも、国民に行き届いた教育を提供している点である。

　目覚ましい経済発展をとげても、反福祉国家の考え方を採用し、限定的な福祉政策を展開する。"個人の自立を促すこと"と"困窮者への支援は家族が担うべきである"という理念が根本にあるため、税金を用いた社会的な支援は短期的で一時的なものとなっている。"貧困者や障害者には雇用機会を与えて自立を促す（自助）"、"支援は政府や企業、宗教団体やボランティア団体など「多くの援助者」によりなされるべき"、"医療はサービス産業であり、民営化されるべき"、という方針が採用されている。結果として、高齢になっても雇用市場に参加し続け、財政的に独立した経済状態を維持し続けることが求められる。日本と同様に少子高齢化が進むシンガポールであるが、世界一高いともいわれる年金が拠出されるわが国とは大きく異なり、生涯現役が求められることになる。

　外交面では、対マレーシア関係は対立から友好へと変化し、米国に経済と安全保障を依存、経済は低成長時代を迎えた成熟国家である。都市交通政策は公共交通の充実と自動車の需要管理により整備され、観光産業を中心に、強く巨大な政府が国を支えている。安定支配は国家の生存と繁栄の基礎とされ、人民行動党の一党独裁体制が長く続いている。シンガポール安定の要は"治安維持法"であり、治安は極めて良好である。

　シンガポールに隣接するマレーシアは、世界一物価の高いシンガポールに暮らす人々の買い物の場として、日常生活においても密接な関係にあるが、かつてシンガポールがマレーシアから独立したという

図表5−5　シンガポールとマレーシア

歴史的な事情[22]から見ても、両国は切り離せないものとして理解される場合が多い。特に首都クアラルンプールは、良好な行政サービスや生活環境に加えて、日本の10分の１という物価の安さから、わが国からのロングステイ先、移住先としても人気の高い都市である。

　マレーシアはアジア大陸の南に延びたマレー半島と、海を隔てたボルネオ島北西の地域から成り立ち、国土は33万平方キロメートル（日本の約９割）、人口は2,500万人の多民族国家である。首都クアラルンプールは高層ビルが建ち並ぶ近代的な都市であるが、少し離れると、周囲は熱帯雨林のジャングルが広がる。国教はイスラム教であるが、宗教の自由は保障され、違う民族、異なる宗教の人々がお互いを認め合い、尊重しあう平和な国である。季節変化の少ない安定した気候に加えて、かつてイギリスに統治されていたことから、多くの国民が英語を話す。日本経済の停滞によりシェアは低下しつつあるが、現在でも日本はマレーシアの輸出先の上位３カ国に入る重要な存在である。

　政治制度としては、シンガポールと同様に自由が規制された民主主

義体制とされ、議会制民主主義の制度を維持し、複数政党による総選挙を定期的に実施しているものの、言論・表現・集会・結社への自由等には制限が見られる。シンガポールとマレーシアはともに、個人よりも社会や国家の利益を重んじる独自の民主主義の確立を主張し、特定の個人や軍部の独裁ではなく、組織化された政党による一党優位体制を形成しているという点でも共通している[23]。

一国二制度下での展開─香港

　中華人民共和国香港特別行政区（Hong Kong Special Administrative Region of the People's Republic of China：通称香港）は、地理的に珠江デルタ及び南シナ海に囲まれた中華人民共和国南岸に位置する特別行政区である。広大なスカイラインおよび深い天然の港湾で知られ、1,104平方キロメートルの面積に700万人を超える人口を有する世界有数の人口密集地域である。ロンドンおよびニューヨークについで世界第3位の国際金融センターに格付けされ、低税率および自由貿易を特徴とする重要な資本サービス経済を有し、通貨の香港ドルは世界第8位の取引高を保有する。人間開発指数（HDI）は全面的に高く順位付けされるが、それは香港が公益中継地であり、交通や金融の要衝にあるという点に由来する。商品や資本がそこを経由することにより、取引上有利であることから、貿易中枢機能や決済機能を果たす、世界有数の経済都市であるとされる。

　面積は東京23区の約2倍程度にあたる。サバナ気候に属し、秋・冬は温暖で乾燥しており、春・夏は海からの季節風と熱帯低気圧の影響で高温湿潤という気候である。人口707万1,576人（2011年現在）、人口密度6,540人（2010年）。18の行政上の下部地域が構成されている。政治の特徴は、香港返還後に施行された一国二制度にあり、イギリス時代の行政・官僚主導の政治から、一定の制限の下での民主化および政党政治への移行期に当たり、社会主義国である中華人民共和国の中で、2047年まで資本主義システムが継続して採用されることになっている。香港の政治は「香港特別行政区基本法」において行われ、同法は、国際関係および軍事防衛以外の全ての事項において香港が、高度な自治権を有することを規定している。複数政党制であるが、立法会

の70議席のうち30議席を少数の有権者が支配していることから、先進経済諸国の中では、政治的権利において最下点で、"欠陥民主主義"に分類されている。

　香港は、1942年の南京条約によりイギリスに割譲され、その後1997年に中国に返還されるまでの約50年間、イギリスの統治下で、政治や行政の各種制度を発展させてきた。1942年当時、アヘン戦争に敗れた清朝は"南京条約"を結んでイギリスに香港島を永久割譲することになり、再度イギリスに敗れた清朝は、1958年天津条約を結び、九龍半島をイギリスが租借することになる。1860年・北京条約により九龍をイギリスに割譲（九龍をイギリスに永久割譲）、イギリスの要求は更に続き、1898年、イギリスが新界と離党地域の99年間の租借が決定される。1941年、太平洋戦争が始まった2週間後の12月25日に日本が香港を占領するが、1945年の日本軍降伏により香港の宗主国は再びイギリスとなる。1949年中華人民共和国が誕生するも、香港島におけるイギリスの利権は維持されたままであったが、鄧小平率いる中国政府とサッチャー首相率いるイギリス政府の間で、1982年に香港返還交渉が開始される。1984年中英共同宣言により香港の返還が正式に決定され、1997年7月1日、香港島の中国への返還が実現する。香港は中国の特別行政区としての新しくスタートすることになった。

　1997年7月1日、英国植民地時代に終止符を打ち、香港は中国に返還されたが、その後は"高度な自治権"を授権され、"一国二制度"下の香港としての歴史が始まることになる。返還前の香港では、政府高官が政策決定と執行を担当し、"強い官僚、弱い議会"という伝統が育まれ、高官が実際の統治者であるという"行政主導"の政治形態が確立していた。香港には、英国占領下に確立された、優れたシステムに依拠したハイグレードな行政機能（通称"香港公務員制度"）が存在し、この官僚機構は香港の英国統治下で、香港の安定と反映を支える重要な要因として機能してきたとされる。返還後もイギリス型の

図表5−6　香港特別行政区

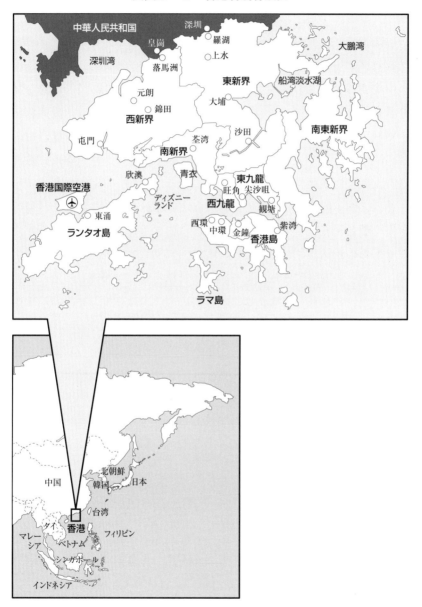

香港官僚機構はほぼそのまま踏襲されたが、近年では、議会勢力も台頭しており、これは行政主導型への挑戦、民主化の模索と見られている。

　1970年代に官僚機構の腐敗に着目した香港政府は、公的セクター・私的セクターともに腐敗を除去する政策を中心に展開し、極めて優秀な中央主導型の官僚システム構築に成功した。その結果、香港の官僚機構や市民向けサービスは向上し、1990年代初期には、公共機関を横断的に監視し、行政サービスの質的向上を図るための専門機関（Efficient Unit）も設立された。このような努力により、香港官僚機構の生産性は飛躍的に向上することとなった。

　香港は基本的には低負担低福祉の自由競争社会として成功を収めてきた。社会主義国家中国の支配下で、自由の維持と民主化の継続が可能であるのか注目されてきたが、経済的に見れば、返還後の香港経済は、大陸との関係緊密化により、その繁栄と安定を維持してきたといえる。中国の高度経済成長により香港の求心力は増大し、かつて中国の近代化のエンジン役と想定された香港は、むしろ大陸の経済成長から受益する立場へと変化した。返還後の両者の関係は、冷戦が生み出した分裂国家の再統一という側面を有しながら、うまく機能していると評価されているが[24]、現在人口の高齢化が進み、社会保障の欠如が社会問題化している。低負担低福祉の自由競争社会として成功してきた香港が、今後はどのような道に進むのかについては、まだ明確化されていないといえる。

　世界の国々が、理想の社会を求めて試行錯誤を繰り返す。世界に類例を見ない少子高齢化の進行と厳しい財政環境が続く中で、進むべき方向性がはっきりせず沈没しそうなわが国であるが、本書が日本版"生活大国"を形成していく上で、一助となれば幸いである。

1 畠山圭一・加藤普章『アメリカ・カナダ』ミネルヴァ書房、2008年、1頁。

2 畠山圭一・加藤普章、前掲書、171頁。

3 公務員の採用・昇任・転任といった人事制度とその運用を総称して"任用"と呼ぶが、現代の公務員制度の下では、公開競争試験に基づく資格任用制（メリット・システム）が原則とされており、猟官制（スポイルズ・システム）や情実任用は制限されている。先進諸国の資格任用制は「開放型任用システム」（多様な任用のされ方がなされる制度）と「閉鎖型任用システム」（一番下の地位で採用される入り口採用が原則となる制度）と呼ばれる2つの任用形態に大別されるが、両者ともに資格任用制を原則としながらも、資格・能力の捉え方を異にしている。

　「開放型任用システム」は、職務を内容と責任の程度に応じて分類し、体系的に職種と等級に分け、これを基準に任用・給与していく"職階制"を基礎とした制度であり、科学的管理法を基本とする人事行政手段として、1920年代にアメリカの公務員制度に導入され、現在に至っている。この制度の特徴としては、(1)職位の職務・職責をこなすに足りる即戦力が重視され、その職種に対応した採用選考が行われる、(2)終身雇用制を前提とはせず、個別採用・中途採用が頻繁に行われる。言い換えれば、採用は一番下の職位に限定されず、管理職の採用も稀ではない、(3)官民間、政府間、各省間での就職・転職が比較的容易な社会でうまく機能する制度である、等が挙げられる。

　「閉鎖型任用システム」は、ヨーロッパ諸国や日本で主に見られる任用形態であり、入り口で一括採用された職員が、組織内の人事異動を通じて昇進していく制度である。職員はジェネラリストとして、いかなる職位に配属されてもその職位・職責に適応することが求められ、職務をこなしながら、あるいは組織内で研修等を受けながら、必要な事務処理能力を取得していく。この制度の特徴としては、(1)新規採用職員に要求される資格・能力は、学歴や職位に対応した専門知識のような一般的かつ潜在的な能力であり、この潜在能力を顕在化させるために、組織内で研修が繰り返されていく、(2)終身雇用が基本となるため、採用は入り口にほぼ限定され、中途採用は稀である、(3)組織単位ごとの終身雇用と年功序列を基本としているため、官民間や政府間、各省間での労働力の移動が難しい制度である、(4)公務員の採用にあたり、身分制が見られることが多い。例えば日本の国家公務員制度では、大学卒、高校卒等の学歴による区別に加えて、キャリア（国家公務員I種試験に合格して採用された職員）かノンキャリア（それ以外の職員）かによって、採用後の人事異動のルートが異なり、昇進の速度や程度に大差が生じることになる。イギリスの行政階級と執行階級、フランスのテクノクラートとビューロクラート等も同様の例であると言える。

4 畠山圭一・加藤普章『アメリカ・カナダ』ミネルヴァ書房、2008年、17頁。

5 Garcia-Sanchez and Beatriz Cuadrado-Ballesteros, "Determinants of Government Effectiveness", International Journal of Public Administration, vol.36, 2013, pp.567-577.

6 Garcia-Sanchez and Beatriz Cuadrado-Ballesteros, "Determinants of Government Effectiveness", International Journal of Public Administration, vol.36, 2013, pp.567-577.

7 Graeme Boushey, "Targeted for Diffusion? How the Use and Acceptance of Stereotypes Shape the Diffusion of Criminal Justice Police Innovations in the American States", American Political Science Review, vol.110, No.1,2016, pp.198-214.

8 Jens Blom-Hansen, Kurit Houlberg, Soren Serritzlew, and Daniel Treisman, "Jurisdiction Size and Local Government Policy Expenditure: Assessing the Effect of Minicipal Amalgamation, American Political Science Review, vol.110, No.4,2016, pp.812-831.

9 世界大百科事典　第2版の解説。

10 www.upiny.org

11 MPAプログラムの詳細については、佐々木寿美『生活大国の指標』（芦書房、2014年）を参照のこと。

12 マルッティ・ハイキオ著・岡沢憲芙監訳『フィンランド現代政治史』早稲田大学出版会、2003年、106頁。

13 Internal Livingによる"Quality of Life Index（生活の質指標）"によると、「世界一住みやすい国」を測る指標として、以下の9項目が挙げられている。Cost of Living（生活費）15%、Culture and Leisure（文化・余暇：識字率、就学率など）10%、Economy（経済：金利、GDPなど）15%、Environment（環境：人口密度、人口増加率）10%、Freedom（自由：参政権など）10%、Health（健康：医師や病院のベッド数、水、平均寿命）10%、Infrastructure（インフラ：鉄道、高速道路、空港、自動車、電話、インターネット）10%、Safety and Risk（治安）10%、Climate（天候、降水量、気温、災害など）10%。この指標により測定すると、世界で最も住みやすい国は5年連続でフランス、2位はオーストラリア、3位はスイスとなり、日本は10位である。

14 フランスにおける地方分権の現代的展開を考える上で、政党と支持層の組み合わせは重要である。先の大統領選挙においては、以下のような相関関係が見られた。
・PS：伝統的なカトリック地域であったブルターニュや農山村部に加え、高学歴の若年層を多く抱えるパリ・リヨン中心部が大票田。政権奪還に成功。
・UMP：脱工業化を遂げた地域、経済的に豊かな東部一帯が支持の中心母体
・FN：創設以来の極右　外国人排斥などポピュリズム的
・極左：フランス伝統のアナルコ・サンディカリズム

15 ストラスブールについては、一條義治「まちづくりの「聖地」フランス・ストラスブールへ」『地方自治職員研修』2018年7月、40-41頁で詳細に取り上げられている。フランスのストラスブールは、移動距離の少ないコンパクトなまちづくりに取り組み、まちの再生と活性化に成功した欧州の先進都市の代表例とされる。数年で都市の大改造と再生を成し遂げたストラスブールと、全国で都市の空洞化が進行し、公共交通の衰退と高齢者の運転事故が続発するのに有効な手立てが打てず、展望が見えない日本の行政とが比較されている。

16 フランス外務省編、宝利桃子訳『現代のフランス』原書房、2005年。

17 フランスの出生率は1.92、その59.7%が婚外子である。(OECD,Trends Shaping Education 2019)

18 グランゼコール（GrandesEcoles）はフランス独自の高等専門教育機関であり、行政領域のみならず、医学・神学を除くいずれの専門分野においても、高度専門職養成機関としての役目を果たしている。フランス全土に約200校あり、歴史のある学校が名門とされる場合が多い。

19 山口昌子『なぜ、フランスは一目置かれるのか―プライド国家の流儀』産経新聞出版、2012年、262-263頁。

20 www.jinji.go.jp/kensyuu/090224008.pdf　より。

21 『公務研修・人材育成に関する研究会報告書　第8章　海外における人材育成』人事院より。

22 マレーシアは1963年にイギリスより独立、その2年後にシンガポールがマレーシアより分離独立した。

23 今井昭夫編『東南アジアを知るための50章』明石書店、2014年、117頁。

24 倉田は、香港の人事制度（中央政府による香港政府高官の任命権の行使）および選挙制度（親政府派が行政長官に就任し、立法議員の過半数を占める制度設計）を通じて、中国政府が香港政府や政治エリートに一定の統制を保っていることを明らかにしている。（倉田徹『中国返還後の香港―「小さな冷戦」と一国二制度の展開』名古屋大学出版会、2009年）。

おわりに

　国民・市民の暮らしやすさ、幸福感を保障できる"生活大国"を実現していく上で、どのような"公務員"が求められ、いかなる"行政組織"が必要となるのか。またそれを実践していく市民と公務員との協働は、どのような形で進められるべきなのか。本書は、前著『生活大国の指標』（芦書房）の内容をもとに、わが国の公務員制度や官僚機構の行動様式を、より"住民の求める姿に近い"、"暮らしやすい国・街を実現できる"ものへと、変えていく方策を考えていこうと試みたものである。特に、近年各地で進められている"地域包括ケアシステム"を念頭におきながら、様々な立場の市民と多様な行政組織との連携について検討を試みた。反省すべき点は多々見られるが、前著を出版した際に多くの先輩方から頂いた貴重なアドバイスをもとに、筆者が微力ながら、各国の公共政策のしくみや公務員養成システムの内容、わが国の市民協働の取組みのあり方等を比較検討し、理想の公務員像や地域社会の在り方を模索した結果である。本書が、"市民のための公務員"、"公共の福祉のための行政組織"を作り出していく上で、一助となれば幸いである。

　本書の出版に当たっては、多くの方々からご指導とご協力を頂いた。筆者を研究の世界へと導いて下さり、長期にわたり、繰り返しご指導を賜っている慶應義塾大学名誉教授の小林良彰先生をはじめ、池田謙一（東京大学）、市島宗典（岩手県立大学）、大山耕輔（慶應義塾大学）、河村和徳（東北大学）河野武（慶應義塾大学）、河野勝（早稲田大学）、小林宏之（明治大学）、新藤宗幸（後藤・安田東京都市政策研究所元理事長）、沼尾浪子（日本大学）、平野浩（学習院大学）、村瀬洋一（立教大学）、武田興欣（青山学院大学）、谷口正紀（東京大学）、谷口尚

子（慶應義塾大学）、田丸大（駒沢大学）、堤英敬（香川大学）、寺井
君子（慶應義塾大学）、外山公美（立教大学）、中谷美穂（明治学院大
学）、名取良太（慶應義塾大学）、西尾勝（後藤・安田東京都市政策研
究所元理事長）、安野智子（中央大学）、増山幹高（慶應義塾大学）、
三船毅（中央大学）、森正（愛知学院大学）の各先生方には、学会や
研究会などの際に、筆者の研究全般について、常に貴重なご指導を頂
いている。先生方のご指導ご鞭撻がなければ、本研究がこのような形
でまとまることはあり得なかった。心から感謝申し上げる次第である。
また、公益法人後藤・安田東京都市政策研究所の研究員・職員ならび
に市政専門図書館の皆さまにも、この場を借りて感謝申し上げたい。

　最後に、本書の出版にあたっては、学陽書房の川原正信氏に大変な
ご尽力とご指導を頂いた。川原氏には『福祉国家論─過去・現在・そ
して未来へ─』、『比較行政学』に引き続き、大変貴重なご意見を多数
賜っており、改めてここに記して感謝の意を表し、お礼の気持ちをお
伝えしたい。

　　　　　　　　　　　　　　　　　　　　　　　　　　　筆　　者

参考文献

アラン・ジェイコブス著『サンフランシスコ都市計画局長の闘い：都市デザインと住民参加』学芸出版社、1998年。

尹文九『高齢社会の政治経済学―日本の高齢者福祉政策を中心に―』ミネルヴァ書房、2017年。

池田和彦・砂脇恵『公的扶助の基礎理論―現代の貧困と生活保護制度』ミネルヴァ書房、2009年。

一條義治「まちづくりの「聖地」フランス・ストラスブールへ」『地方自治職員研修』2018年7月、40-41頁。

今井昭夫・東京外国大学東南アジア課程編『東南アジアを知るための50章』明石書店、2014年。

今里佳奈子「政策ネットワーク間関係から見る社会福祉制度改革」『季刊行政管理研究』第98巻、2002年、42-55頁。

今里佳奈子　書評　新川敏光『福祉国家変革の理路―労働・福祉・自由』ミネルヴァ書房、2014年、『季刊行政管理研究』No149、2015.3、68-72、214頁。

石井俊『全意味がわかる多変量解析』ベレ出版、1900円。

井上寛「組織間ネットワークに見るコミュニティの社会構造」『社会分析』第41号、2014年、27-46頁。

梅本洋一・大里俊晴・木下長宏編著『パリ・フランスを知るための44章』明石書店、2012年。

大野晃『限界集落と地域再生』高知新聞社、2008年。

小田川華子「貧困政策にみるフィリピンにおける社会開発政策の特徴」『社会政策学会誌』第16巻、2006年91-103頁。

小山弘美「コミュニティのソーシャル・キャピタルを測定する困難さ―世田谷区「住民力」調査を事例に―」『社会分析』第41号、5-26頁。

大内講一（2008）『やさしい医療経済学　第2版』勁草書房。

奥田知志他著『生活困窮者への伴走型支援―経済的困窮と社会的孤立に対応するトータルサポート』明石書店、2014年。

恩田守雄「日本とベトナムの比較互助社会論」『経済社会学会年報』第30号、2008年、32-50頁。

金井利之『自治制度』東京大学出版会、2007年。

金基成「社会関係資本と地方政府の役割―制度と文化の相互強化的好循環の可能性」公共政策研究（日本公共政策学会）、第5号（2005年）。

加藤雅俊『福祉国家再編の政治学的分析』御茶の水書房、2012年。

川崎政司『「地域主権改革」関連法―自治体への影響とその対応に向けて』第一法規、2012年。

川渕孝一「医療からみた地域包括ケアシステム推進の課題」『月刊福祉』2018年4月号。

上村信一監修『住民幸福度に基づく都市の実力評価—GDP志向型モデルから市民の等身大ハッピネス（NPH）へ』時事通信社、2012年。

川本清美「気候変動適応策におけるソーシャル・キャピタルの役割—沿岸域交通を対象に—」『計画行政』（日本計画行政学会）第36巻2号、2015、57－64頁

倉田徹『中国返還後の香港—「小さな冷戦」と一国二制度の展開』名古屋大学出版会、2009年。

グレゴリー・J・ガザ著、堀江孝司訳『国際比較でみる日本の福祉国家—収斂か分岐か—』ミネルヴァ書房、2014年。

経済企画庁総合計画局編『最新　生活大国キーワード　生活大国5か年計画—地域社会との共存をめざして—』財団法人経済調査会、1993年。

小泉祐一郎『地域主権改革一括法の解説—自治体は条例をどう整備すべきか』ぎょうせい、2011年。

小林大造「福祉国家から福祉社会へ—共助の中間組織の再生と近代の超克にむけて」『経済社会学会年報』33号、2010、24-32頁。

公職研『地方自治職員研修』2018年7月号。

近藤正基『現代ドイツ福祉国家の政治経済学』ミネルヴァ書房、2009年。

坂田周一監修『コミュニティ政策学入門』誠信書房、2014年。

坂本治也「地方政府を機能させるのも？—ソーシャル・キャピタルからシビック・パワーへ—」公共政策研究（日本公共政策学会）第5号（2005年）141-153頁。

嶋田暁文「小規模自治体の持続可能性と自立への道」『ガバナンス』2018年9月号、32-34頁。

人事院『公務研修・人材育成に関する研究会報告書　第8章　海外における人材育成』

宗前清貞「補助線としての雇用—福祉レジーム論の批判的検討—」『レヴァイアサン』53号、2013年、117-124頁。

曽我謙吾「官僚制研究の近年の動向：エージェンシー理論・組織論・歴史的制度論（上）」『季刊行政管理研究』第154号、2016年、3-15頁。

高橋百合子「ラテンアメリカにおける福祉再編の新動向—「条件付き現金給付」政策に焦点を当てて—」『レヴァイアサン』、第49号、2011年、46-63頁。

田尾雅夫『市民参加の行政学』法律文化社、2011年。

田村慶子編著『シンガポールを知るための65章　第4版』明石書店、2016年。

中島晶子『南欧福祉国家スペインの形成と変容』ミネルヴァ書房、2012年。

藪長千乃「フィンランドにおける「児童保護」：普遍主義的な福祉制度下における要保護ニーズへの対応」『社会保障研究』、2017, vol.2, no.2・3, pp.216-232.

ポール・スピッカー著、武川正吾他訳『社会政策講義—福祉のテーマとアプローチ』、2001年。

藤岡純一編『スウェーデンの生活者社会：地方自治と生活の権利』青木書店、1993年。

フランス外務省編、宝利桃子訳『現代のフランス』原書房、2005年。

中島康晴『地域包括ケアから社会変革への道程』批評社、2017年。

中村保志「「地方創生」時代の自治体間競争における団体自治と住民自治の弁証法」『社会文化研究』第19号、2017年、7-37頁。

日本計画行政学会『計画行政』第37巻2号、2014年5月。

日本総合研究所編、東洋経済新報社『全47都道府県幸福度ランキング　2016年版』

野田遊『市民満足度の研究』日本評論社、2013年。

羽具正美編著『自治と参加・協働―ローカル・ガバナンスの再構築』学芸出版社、2007年。

畠山圭一・加藤普章『アメリカ・カナダ』ミネルヴァ書房、2008年、17頁。

ハラール・ボルデシュハイム、クリステル・ストールバリ『北欧の地方分権改革―福祉国家におけるフリーコミューン実験』日本評論社、1995年。

原田正樹「地域共生社会の実現にむけた「教育と福祉」」『社会福祉学』第58巻第4号、2018年、115-119頁。

ビヤネール多美子『スウェーデンにみる「超高齢化社会」の行方―義母の看取りからみえてきた福祉』ミネルヴァ書房、2011年。

牧里毎治・川島ゆり子編著『持続可能な地域福祉のデザイン―循環型地域社会の創造―』ミネルヴァ書房、2016年。

松井望「「基本方針による管理」と計画化：総合戦略と総合計画を事例に」『公共政策研究』、第17号、2017年、40-51頁。

松村祥子「フランスの保育と子育て支援」『社会保障研究』第107号、2010年4月、114-118頁。

松永桂子『創造的地域社会　中国山地に学ぶ超高齢社会の自立』新評論、2012年。

マックペイク他著、大日康史他訳『国際的視点から学ぶ医療経済学入門』東京大学出版会、2004年。

マニュエル・カステル、ペッカ・ヒマネン著『情報社会と福祉国家―フィンランドモデル』ミネルヴァ書房、2005年。

務台俊介『続・地域再生のヒント―東日本大震災の教訓を活かす』ぎょうせい、2012年。

増田正他編著『地域政策学事典』勁草書房、2011年。

宮崎徳子監修『地域包括ケアシステムのすすめ―これからの保健・医療・福祉』ミネルヴァ書房、2016年。

松田雅夫『ドイツ・人が主役のまちづくり：ボランティア大国を支える市民活動』学芸出版社、2007年。

マルッティ・ハイキオ著・岡沢憲芙監訳『フィンランド現代政治史』早稲田大学出版会、2003年、106頁。

森啓『新自治体学入門―市民力と職員力』時事通信社、2008年。

三重野卓「人口減少社会の構図─格差、共生、そして福祉国家」『経済社会学会年報』第30号、2008年、4-11頁。

三鷹市『自治基本条例ガイドブック』2017年。

三谷はるよ『ボランティアを生み出すもの─利他の計量社会学』有斐閣、2016年。

山口昌子『なぜ、フランスは一目置かれるのか－プライド国家の流儀』産経新聞出版、2012年、262-263頁。

山口道昭編『協働と市民活動の実務』ぎょうせい、2006年、8-9頁。

吉田有里『社会保障の数量分析』清文社、2017年。

リムボン・まちづくり研究会編著『まちづくりコーディネーター』学芸出版社、2009年。

Beth Reingold and Adrienne R. Smith, "Welfare Policy Making and Intersections of Race, Ethnicity, and Gender in U.S. Lefislatures", *American Journal of Political Science*, vol.56, no.1, 2012, pp.131-147.

Deborah Rice, "Applying welfare regime ideal types in empirical analysis : the example of activation", *Social Policy Review 27*, 2015, pp. 171-197.

Domainic Richardson, "The role of regime-type analysis in OECD work on social policy and family", *Social Policy Review 27*, 2015, pp. 247-268.

Karen Nielsen Breidahl, "Immigrant-targeted activation policies: a comparison of the approaches in the Scandinavian welfare states", *Social Policy Review 24*, 2012, pp. 117-135.

Gabrielle Meagher, Natasha Cortis and Karen Healy, "Strategic Challenges in child welfare services : a comparative study of Australia, England and Sweden", *Social Policy Review*, vol.21, 2009, pp.215-242. Gabrielle Meagher, Natasha Cortis and Karen Healy, "Strategic Challenges in child welfare services : a comparative study of Australia, England and Sweden", *Social Policy Review*, vol.21, 2009, pp.215-242.

Garcia-Sanchez and Beatriz Cuadrado-Ballesteros, "Determinants of Government Effectiveness", *International Journal of Public Administration*, vol.36, 2013, pp.567-577.

Graeme Boushey, "Targeted for Diffusion? How the Use and Acceptance of Stereotypes Shape the Diffusion of Criminal Justice Police Innovations in the American States", *American Political Science Review*, vol.110, No.1, 2016, pp.198-214.

Gyu-Jin Hwang, "The welfare modelling business in the East Asian Welfare State debate", *Social Policy Review 27*, 2015, pp. 225-245.

Jens Blom-Hansen, Kurit Houlberg, Soren Serritzlew, and Daniel Treisman, "Jurisdiction Size and Local Government Policy Expenditure: Assessing the Effect of Minicipal Amalgamation, *American Political Science Review*, vol.110, No.4,2016, pp.812-831.

Martin Roche, "Using Social Capital in the policy context : Challenging the orthodoxy", *Social Policy Review* 14, 2002, pp.249-263.

Patricio Valdivieso and Benjamin Villena-Roldan, "Opening the Black Box of Social Capital Formation", *American Political Science Review*, vol.108, No.1,2014, pp.121-143.

Peer Scheepers and Jacoues Janssen, "Informal Aspects of Social Capital : Developments in the Netherlands 1970-1998", *The Netherland Journal of Social Sciences*, Vol.39,no,2, 2003, pp87-106.

Tom Christensen and Per Lagried, "Welfare Administration Reform Between Coordination and Specialization", *International Journal of Public Administration*, vol.36, 2013,

●著者紹介

佐々木　寿美（ささき　としみ）

平成国際大学スポーツ健康学部教授。専攻は、行政学、福祉政策研究。
1974年東京都生まれ。慶應義塾大学法学部卒業、同大学院法学研究科後期博士課
程修了、（財）東京市政調査会専任研究員、平成国際大学法学部専任講師、同大
学法学部准教授を経て現職。行政学修士（MPA、カリフォルニア州立大学ヘイ
ワード校行政大学院）、博士（法学、慶應義塾大学）、社会福祉士。

主要著書：『現代日本の政策形成と住民意識―高齢者福祉の展開過程』
　　　　　　　　　　　　　　　　（慶應義塾大学出版会、2005年）
　　　　　『福祉政策論』（学陽書房、2007年）
　　　　　『キャリア公務員論』（芦書房、2010年）
　　　　　『福祉国家論－過去・現在そして未来へ－』（学陽書房、2012年）
　　　　　『比較行政学』（学陽書房、2012年）
　　　　　『生活大国の指標』（芦書房、2014年）
　　　　　『福祉国家を捉えなおす－社会保障の可能性と限界』
　　　　　　　　　　　　　　　　（ミネルヴァ書房、2018年）
　　　　　『比較行政の視座』（日本評論社、2019年）
　　　　　Japanese Bureaucracy（Wiley，2019年）
　　　　　ほか論文多数。

市民主導型 政策プロセスの創造

2020年8月5日　初版発行

著　者　　佐々木寿美
　　　　　（さ さ き と し み）

発行者　　佐久間重嘉

発行所　　学 陽 書 房

〒102－0072　東京都千代田区飯田橋1－9－3
営業／電話　03－3261－1111　　FAX　03－5211－3300
編集／電話　03－3261－1112　　FAX　03－5211－3301
振替　00170－4－84240
http://www.gakuyo.co.jp/

装幀／佐藤博　　　DTP制作／みどり工芸社　　　印刷・製本／三省堂印刷
© Toshimi Sasaki，2020，Printed in Japan
ISBN 978－4－313－16117－7 C3030